AF474670

33089

VIE

DE LA FONTAINE

SCEAUX. — IMPRIMERIE CHARAIRE ET FILS.

VIE

DE

LA FONTAINE

Par X...

LIBRAIRIE D'ÉDUCATION
33, GRANDE-RUE DU GRAND-MONTROUGE
BANLIEUE DE PARIS

1881

VIE

DE

LA FONTAINE

CHAPITRE PREMIER

Premières années de la vie de La Fontaine. — Son premier ouvrage. — Arrivée de La Fontaine à Paris. — Situation dans laquelle se trouvait la France à ce moment. — Procès de Fouquet. — Noble conduite de La Fontaine envers son ancien protecteur.

Jean de La Fontaine naquit à Château-Thierry, le 8 juillet 1621, de Charles de La Fontaine, maître des eaux et forêts, et de Françoise Pidoux, fille du bailli de Coulommiers.

Son éducation paraît avoir été fort négligée. *Le commencement de sa vie fut consacré à la religion et la piété.* Il resta quelque temps au séminaire de Saint-Magloire, mais, ennuyé d'une règle trop sévère, il rentra dans le monde et épousa la fille d'un lieutenant au baillage de la Ferté-Milon, Marie Haricart.

Incapable par caractère de toute gêne et de toute contrainte, il négligea presque toujours l'exercice de sa charge de maître des eaux et forêts qui lui avait été transmise par son père. Bien qu'on s'accorde à dire que sa femme avait de la vertu, de la bonté et de l'esprit, il s'en éloigna peu à peu et finit par l'abandonner tout à fait. On a dit pour l'excuser, que Mme de La Fontaine avait un caractère difficile et impérieux, et qu'elle avait forcé cet homme, d'un naturel si bon et si facile, à s'exiler du toit domestique.

Mais La Fontaine, qui a confié à sa muse ses pensées les plus secrètes, et qui a laissé son âme tout entière dans ses écrits, ne s'est plaint nulle part de l'humeur impérieuse de sa femme ; il lui reproche de n'avoir de goût que pour les choses frivoles, de ne point s'occuper des soins du ménage, et de ne tenir aucun souci de l'augmentation ou de la conservation de leur fortune. Comme on pouvait faire ces mêmes reproches à La Fontaine, il était difficile qu'il fût heureux avec une femme qui manquait des qualités qui lui faisaient défaut.

La Fontaine eut plusieurs enfants, qui furent dispensés, par un privilège spécial, d'acquitter les charges publiques, et son nom sauva ses descendants pendant la Révolution.

Une des arrières-petites filles de La Fontaine mariée au comte de Marsan, après avoir perdu toute sa fortune vivait obscurément à Versailles avec son fils et sa fille et s'occupait de leur éducation, quand on surprit une lettre que lui écrivait un de ses parents qui était hors de France. Mandée au comité révolutionnaire de Versailles, madame de Marsan y comparut accompagnée de ses enfants. Il était incontestable qu'elle avait été en correspondance avec un parent proscrit : on prononçait son arrestation, qui, d'après un fait alors jugé comme criminel, la perdait infailliblement, lorsque, des nombreux témoins de cette scène, un homme du peuple s'écria : « Oh ciel ! faire périr une petite-fille de La Fontaine, une dame qui élève si bien ses enfants ! » Cette exclamation fit le plus grand effet sur l'assemblée, et même sur le comité. Le président se tournant vers le petit Marsan, âgé de dix ans, lui dit : Que t'apprend-on ? L'enfant répondit : on m'enseigne à être bon ! Les juges furent touchés des paroles de cet enfant ; la mère fut renvoyée chez elle, et l'affaire fut assoupie.

A vingt-deux ans, La Fontaine n'avait pas

encore donné le moindre signe du penchant qui devait l'entraîner bientôt vers la poésie.

On raconte qu'un officier, en garnison à Château-Thierry, ayant lu un jour devant lui l'ode de Malherbe sur l'assassinat de Henri IV, La Fontaine s'enthousiasma pour ces vers et se mit à lire, à étudier et à apprendre par cœur les odes de Malherbe.

Dès ce moment, il se reconnut poète. Il s'adonna avec passion à la lecture des anciens, et le premier ouvrage qu'il publia fut la traduction de l'*Eunuque*, de Térence, en vers. Cette pièce n'eut aucun succès. Mais La Fontaine ne se découragea pas. Il vivait paisiblement et obscurément à Château-Thierry, cultivant les muses et jouissant des douceurs de l'amitié. Il était étroitement lié avec M. de Maucroix, qui avait embrassé d'abord la profession d'avocat, puis l'état éclésiastique et qui avait fini par se retirer à Reims. Il invitait sans cesse La Fontaine à venir le voir. Notre poète dépeint ainsi le séjour agréable de Reims :

Il n'est cité que je préfère à Reims ;
C'est l'ornement et l'honneur de la France
Car, sans compter l'ampoule et les bons vins,
Charmants objets y sont en abondance.

La Fontaine se décida cependant à quitter la province, où il était né, pour se rendre à Paris.

La France sortait alors des troubles de la Fronde, c'est-à-dire de la lutte que le parlement et la noblesse soutinrent contre l'autorité royale.

Mazarin ne devait pas survivre longtemps au Traité des Pyrénées (1659), qui laissait à la France le Roussillon, une partie de l'Artois, diverses places sur la frontière des Pays-Bas, et donnait à Louis XIV l'infante Marie-Thérèse d'Autriche, fille de Philippe IV, roi d'Espagne, pour épouse. — *Le favori de la reine mère* mourut en 1661, au château de Vincennes.

La société, à la mort de Mazarin, offrait un tableau des plus tristes. Les guerres successives que l'État avait eues à soutenir, aussi bien à l'étranger qu'à l'intérieur, ajoutées aux dilapidations du cardinal, avaient ruiné le pays en le surchargeant d'impôts.

Nicolas Fouquet, appelé par Anne d'Autriche à la surintendance des finances, continua, après Mazarin, le *système déplorable des dilapidations de la fortune* de l'État. Colbert, que le cardinal, à son lit de mort, avait recommandé à Louis XIV et qui était entré dans le conseil des finances, n'eut pas de peine à démontrer au roi les mensonges du surintendant falsifiant les états des dépenses et des recettes pour dissimuler les désordres de son administration.

Doué d'une grande capacité pour les affaires, d'un esprit très orné, prompt, adroit, fertile en expédients, Fouquet avait d'incontestables qualités, mais il était vain et avide de louanges, ne connaissait pour satisfaire ses desseins que la puissance de l'or; il éclipsait par son luxe le souverain lui-même. Il savait distinguer et encourager par ses largesses les gens de lettres et les artistes.

Il avait pour premier commis Pelisson, l'homme le plus éloquent de son temps; le Nostre dessinait ses jardins, Lebrun décorait ses palais, Molière faisait des pièces pour ses fêtes.

Ce fut en 1653, que Fouquet commença les travaux de Vaux-le-Vicomte, situé à dix lieues de Paris, près de Melun et sur les bords de la Seine. Bientôt Vaux surpassa en splendeur Compiègne, Fontainebleau et les autres palais royaux qui existaient alors; Fouquet y dépensa dix-huit millions, somme qui vaudrait trois fois plus de nos jours.

Un parent de la femme de La Fontaine, Jannart, qui était l'ami et le substitut de Fouquet, dans sa charge de procureur général au parlement, avant qu'il fût surintendant des finances, qui avait emmené La Fontaine à Paris, le présenta à Fouquet qui le choisit pour son poète.

La Fontaine transporté de la province au milieu de la société la plus brillante du royaume, éprouvait la plus grande satisfaction à se trouver entouré de toutes les jouissances de l'existence, sans qu'il en coutât aucun sacrifice à son insouciance et à sa paresse. Il sut se faire des protecteurs et des amis de tous ceux qui le connurent, bien qu'il fût incapable de tout effort et de toute contrainte, et que ses qualités ne se manifestassent qu'envers les personnes dont il était particulièrement connu. Il fut tout à Fouquet, il l'aima véritablement dans sa prospérité, mais il l'aima encore plus dans le malheur.

Lorsque Mazarin eut marié le roi avec l'infante d'Espagne, il se crut assez puissant pour rétablir l'ordre dans les finances. La première chose à faire était de se débarrasser du surintendant. Il fit rédiger par Colbert, un projet dans lequel une chambre de justice devait être instituée pour juger Fouquet. Celui-ci fut prévenu et il envoya Gourville à Mazarin, pour lui démontrer qu'au moment où les préparatifs de la conclusion de la paix, occasionnaient le plus de dépenses, les bruits qui couraient sur sa disgrâce nuiraient au crédit de l'État, et qu'il serait impossible de trouver l'argent dont on avait besoin dans ces circonstances. Ces considérations empêchèrent Mazarin d'exécuter son projet, et Fouquet qui redoutait de se voir condamné, conçut des plans insensés ; il acheta Belle-Isle qu'il fortifia pour, au besoin, y soutenir un siège !

Il rédigea et écrivit des notes sur les rôles réservés à chacun de ses amis ; ces notes trouvées dans ses papiers faillirent coûter la vie à ceux qui étaient désignés.

La mort de Mazarin délivra Fouquet de ses craintes, et il pensa qu'avec un roi de vingt-trois ans il pouvait arriver à devenir premier ministre, et avoir toute la confiance de Louis XIV.

Il fut appelé au conseil privé et le roi ne lui laissa pas ignorer qu'il connaissait les abus qui avaient eu lieu, en l'engageant à présenter sans déguisement la situation exacte des finances.

Fouquet au lieu d'agir avec franchise, crut que le roi ne tarderait pas à reprendre l'existence oisive qu'il avait du temps de Mazarin, qu'il ne saurait pas se rendre compte des états qui lui seraient présentés, et il en fournit d'inexacts.

Louis XIV qui déjà possédait l'art, si nécessaire pour celui qui est appelé à gouverner, de dissimuler ses pensées et ses intentions au milieu de tant d'hommes qui s'étudient à les pénétrer dans l'intention de les faire tourner à leur profit, ne faisait au surintendant que de légères observations; il voulait seulement lui montrer qu'il ne perdait pas de vue cet important objet de son gouvernement et il essayait de le rendre sérieux, mais il résolut enfin de s'en débarrasser et de le remplacer par Colbert.

La célèbre fête que Fouquet donna à son château de Vaux[1] acheva de perdre le surintendant dans l'esprit du monarque. Fête enchanteresse, s'il faut en croire les récits du temps, et qui surpassa en magnificence toutes celles de la cour! Rien d'aussi brillant, d'aussi riche, d'aussi lumineux ne s'était encore vu. Sur les ornements d'architecture du palais, Fouquet avait fait sculpter ses armes : un écureuil avec cette devise : *Quo non ascendet* (où ne montera-t-il pas)? Il devait cesser bientôt de monter.

Le 5 septembre 1661, Fouquet fut arrêté à Nantes et conduit d'abord au château d'Angers, puis à la Bastille. Quelque temps après le roi ordonna la formation d'une chambre de justice pour rechercher les abus et malversations commis dans

1. Aujourd'hui Vaux-le-Praslin.

les finances de l'État. La charge de surintendant fut supprimée. Colbert prit le titre de contrôleur général.

Les débats du procès de Fouquet s'ouvrirent le 14 novembre 1664, et durèrent jusqu'au 4 décembre. On avait découvert dans une des maisons de l'ancien surintendant, à Saint-Mandé, un plan de rébellion qui remontait à 1657 et qui était conçu contre Mazarin. C'était plus qu'il n'en fallait pour faire condamner Fouquet à la peine capitale !

Ici se place une des plus belle pages de la vie de La Fontaine.

Fouquet qui avait comblé d'or et de faveurs les grands seigneurs de la cour, parmi lesquels figuraient des noms illustres, Fouquet, qui, pendant de longues années avait entretenu une véritable légion de courtisans, qu'il appelait ses amis, Fouquet se vit isolé, abandonné de tous, quand la fortune commença à lui être défavorable.

Toutefois, dans son malheur, il eut une consolation : celle de pouvoir compter sur l'amitié de La Fontaine. Tandis que le duc de la Feuillade, le duc de Gesvres et tant d'autres tournaient le dos au prisonnier de la Bastille, La Fontaine, se souvenant des bontés que Fouquet, dans ses beaux jours, avait eues pour lui, cherchait à apitoyer l'opinion publique sur le sort de son ancien protecteur.

En ce temps-là, il était dangereux de lutter contre l'autorité royale. La Fontaine eut ce courage. Vainement essayait-on de le ramener aux idées de la cour. Il répondait : — « Personne ne peut me faire un crime d'être reconnaissant, et une obligation de me montrer ingrat. Si l'on me persécute pour avoir fait et dit ce que je dois faire et dire, et bien ! ce sera une moralité de fable de plus... »

La touchante élégie qu'il composa sur la disgrâce de son malheureux ami montre la grandeur de son caractère et la délicatesse de son cœur. Dans cette élégie, la Fontaine s'adresse aux nymphes de Vaux et les supplie de fléchir le roi.

Voici cette pièce admirable, chef-d'œuvre de poésie et de sentiment :

Remplissez l'air de cris en vos grottes profondes,
Pleurez, nymphes de Vaux, faites croître vos ondes ;
Et que l'Anquetil [1] enflé ravage les trésors
Dont les regards de Flore ont embelli ses bords.

1. Petite rivière qui passe à Vaux.

On ne blâmera pas vos larmes innocentes ;
Vous pouvez donner cours à vos douleurs pressantes ;

Chacun attend de vous ce devoir généreux ;
Les Destins sont contents; Oronte est malheureux.
Vous l'avez vu naguère au bord de vos fontaines,
Qui, sans craindre du sort les faveurs incertaines,
Plein d'éclat, plein de gloire, adoré des mortels,
Recevait des honneurs qu'on ne doit qu'aux autels!
Hélas! qu'il est déchu de ce bonheur suprême,
Que vous le trouveriez différent de lui-même!
Pour lui les plus beaux jours sont de secondes nuits :
Les soucis dévorants, les regrets, les ennuis,
Hôtes infortunés de sa triste demeure,
En des gouffres de maux le plongent à toute heure.

Voilà le précipice où l'ont enfin jeté
Les attraits enchanteurs de la prospérité!
Dans les palais des rois cette plainte est commune;
On n'y connaît que trop les jeux de la fortune,
Ses trompeuses faveurs, ses appas inconstants;
Mais on ne les connaît que quand il n'est plus temps.
Lorsque sur cette mer on vogue à pleines voiles,
Qu'on croit avoir pour soi les vents et les étoiles,
Il est bien malaisé de régler ses désirs;
Le plus sage s'endort sur la foi des zéphirs.
Jamais un favori ne borne sa carrière ;
Il ne regarde pas ce qu'il laisse en arrière;
Et tout ce vain amour de grandeur et du bruit
Ne le saurait quitter, qu'après l'avoir détruit.
Tant d'exemples fameux que l'histoire en raconte
Ne suffisaient-ils pas, sans la perte d'Oronte?

Ah ! si ce faux éclat n'eût pas fait ses plaisirs,
Si le séjour de Vaux eût borné ses désirs,
Qu'il pouvait doucement laisser couler son âge !
Vous n'avez plus chez vous ce brillant équipage,
Cette foule de gens qui s'en vont chaque jour
Saluer à longs flots le soleil de la cour :
Mais la faveur du ciel vous donne en récompense
Du repos, du loisir, de l'ombre et du silence,
Un tranquille sommeil, d'innocents entretiens
Et jamais à la cour on ne trouve ces biens.

Mais quittons ces pensers : Oronte nous appelle.
Vous, dont il a rendu la demeure si belle,
Nymphes, qui lui devez vos plus charmants appas,
Si le long de vos bords Louis porte ses pas,
Tâchez de l'adoucir, fléchissez son courage.
Il aime ses sujets, il est juste, il est sage ;
Du titre de clément rendez-le ambitieux ;
C'est par là que les rois sont semblables aux dieux.
Du magnanime Henri qu'il contemple la vie ;
Dès qu'il put se venger, il en perdit l'envie.
Inspirez à Louis cette même douceur :
La plus belle victoire est de vaincre son cœur.
Oronte est à présent un objet de clémence ;
S'il a cru les conseils d'une aveugle puissance,
Il est assez puni par son sort rigoureux ;
Et c'est être innocent que d'être malheureux.

Louis XIV ne pardonna jamais à La Fontaine son attachement à Fouquet. Le grand roi laissa le poète vivre loin de la cour et mourir pauvre.

Fouquet avait froissé l'amour-propre du monarque par son faste plus que royal. Pour cette raison et pour quelques autres encore, l'ancien surintendant ne devait rien espérer de la clémence de Louis XIV.

Cependant, les généreuses supplications de La Fontaine, ajoutées aux *Discours au roi* de Pélisson et aux éloquentes plaidoiries de Mme de Sévigné en faveur de celui que la chambre de justice allait juger, commençaient à travailler l'opinion publique. Bientôt l'animosité contre Fouquet fit place à la pitié. La chambre de justice elle-même se laissa émouvoir. Sur les vingt-deux juges qui la composaient, *neuf* opinèrent pour la mort, *treize* pour un bannissement perpétuel. L'arrêt fut rendu le 20 décembre. La vie de Fouquet était sauvée !

Louis XIV fit alors une chose qui aujourd'hui paraît inouïe, monstrueuse, et qui laisse à penser ce qu'était la justice dans ce temps : il changea le bannissement en une prison perpétuelle, et le malheureux Fouquet fut conduit au château de Pignerol[1] où il mourut le 23 mars 1680.

La Fontaine avait obéi à la fois à la voix de la conscience, qui commande la reconnaissance

1. Ville des États sardes, qui, sous la domination française, servit longtemps de prison d'État.

envers celui qui nous a servi, et à la voix des muses qui commande la pitié pour les coupables ; Louis XIV était resté sourd à la voix de la charité qui crie aux rois : Clémence !

Les merveilles de Vaux avaient inspiré à la Fontaine l'ouvrage mêlé de prose et de vers, intitulé le *Songe de Vaux* et qui est resté inachevé. La Fontaine y représente les quatre arts qui contribuèrent à l'embellissement de Vaux —, l'architecture, la peinture, le jardinage et la poésie, — sous la forme de quatre fées, Palatiane, Appellanire, Hortésie et Calliopée se disputant la préséance.

Il y, a dans ce premier essai de la Fontaine, une Invocation au sommeil qui mérite d'être citée :

... Toi que chacun réclame,
Sommeil, je ne viens pas t'implorer dans ma flamme.
Conte à d'autres que moi ces mensonges charmants
Dont tu flattes les vœux des crédules amants;
Les merveilles de Vaux me tiendront lieu d'Aminte :
Fais que par ces démons leur beauté me soit peinte.
Tu sais que j'ai toujours honoré tes autels;
Je t'offre plus d'encens que pas un des mortels :
Doux sommeil, rends-toi donc à ma juste prière.

La Fontaine ne laissait jamais échapper l'occasion de dire combien il aimait à dormir. L'*épitaphe d'un paresseux* qu'il fit sur lui-même, peint son indolence et son aversion pour les tracas de la vie.

Jean s'en alla comme il était venu,
Mangea le fonds avec le revenu,
Tint les trésors chose peu nécessaire.
Quant à son temps, bien sut le dispenser :
Deux parts en fit, dont il soulait[1] passer
L'une à dormir, et l'autre à ne rien faire.

La Fontaine écrivait à sa femme « que son sommeil était bigarré par d'agréables songes. » Il y a encore, dans le *Songe de Vaux*, une gracieuse peinture de la nuit :

Cette divinité, digne de vos autels,
Et qui, même en dormant, fait du bien aux mortels,
Par de calmes vapeurs mollement soutenue,
La tête sur son bras, et son bras sur la nue,
Laisse tomber des fleurs et ne les répand pas.

La Fontaine avait promis à Fouquet, qui lui avait donné une pension de mille francs, d'acquitter par des vers, chaque quartier de sa pension. Ces poésies n'ont pas beaucoup de valeur si on les compare à ses autres écrits, mais elles étaient bien supérieures à ce qu'écrivaient les poètes

1. Imparfait de l'ancien verbe *souloir* : avoir coutume. Du latin *solere*.

de cette époque. Il fut le premier qui, dans de petites pièces de vers, sut retrouver la grâce simple de Marot.

Pélisson, l'ami constant de notre poète, transmit à Fouquet l'épître suivante :

Il me faudra quatre termes égaux.
A la Saint-Jean je promets madrigaux,
Courts et troussés, et de taille mignonne :
Longue lecture en été n'est pas bonne.
Le chef d'octobre aura son tour après;
Ma muse alors prétend se mettre en frais;
Notre héros, si le beau temps ne change,
De menus vers aura pleine vendange.
Ne dites point que c'est menu présent;
Car menus vers sont en vogue à présent;
Vienne l'an neuf, ballade est destinée :
Qui rit ce jour, il rit toute l'année.

. . . .

Pâques, jour saint, veut autre poésie,
J'enverrai lors, si Dieu me prête vie,
Pour achever toute la pension,
Quelques sonnets pleins de dévotion.
Ce terme-là pourrait être le pire;
On me voit peu sur tels sujets écrire.

Et il ajoute :

Mais tout au moins je serai diligent;
Et si j'y manque, envoyez un sergent;

Faites saisir, sans aucune remise,
Stances, rondeaux, et vers de toute guise.
Ce sont nos biens; les doctes nourrissons
N'amassent rien, si ce n'est des chansons.

Parmi les hommes qu'une inclination commune avait liés avec La Fontaine, se trouvait un jeune homme, qui, bien qu'il n'eût composé encore que des vers d'assez mauvais goût, avait cependant une érudition plus complète que celle de La Fontaine; ce jeune homme était Racine. Il était né à la Ferté-Milon, pays de la femme de La Fontaine. Pendant le procès de Fouquet, le jeune Racine se trouvait à Uzès chez un de ses oncles, génovéfain qui s'engageait à lui résigner tous ses bénéfices s'il embrassait l'état ecclésiastique. Les lettres de La Fontaine le tenaient au courant de ce qui se passait au théâtre, et dans le beau monde.

Poignant, l'ami commun de La Fontaine et de Racine, se trouve souvent mêlé dans leur correspondance, mais il écrivait rarement. Racine ne fait pas de semblables reproches à La Fontaine: il lui dit : Votre lettre m'a fait un grand bien et je passerais assez doucement mon temps si j'en recevais souvent de pareilles. Je ne sache rien qui me puisse mieux consoler de mon éloignement de Paris; je m'imagine mieux être au milieu du Parnasse, tant vous décrivez agréablement tout ce qui s'y passe de mémorable. Nous voyons dans cette lettre que Racine allait souvent à Château-Thierry, et était connu des beaux esprits de cette ville, et de la sœur de La Fontaine.

Racine faisait tant de cas des lettres de La Fontaine, qu'il les envoyait à Paris, à son ami Vitart pour lui faire part du plaisir que cette lecture lui procurait; mais il avait soin de demander qu'on les lui renvoyât promptement. — « J'envoie, écrivait-il à l'abbé le Vasseur, la lettre de La Fontaine décachetée, à M. Vitart. S'il en fait retirer copie, ayez soin, je vous prie, que la lettre ne soit pas souillonnée et qu'on ne la retienne pas longtemps. »

Après le jugement du surintendant, La Fontaine se rendit à Limoges. Nous trouvons dans les lettres adressées à sa femme, des détails sur ce voyage. Ces lettres peignent merveilleusement le caractère de La Fontaine. Dans l'une d'elles, il raconte une de ces distractions qui lui lui étaient familières. C'était à Cléry près d'Orléans, dont il visita l'église. « Au sortir de cette église, dit-il, je pris une autre hôtellerie pour la nôtre; il s'en fallut peu que je n'y commandasse à dîner, et, m'étant allé promener dans le jardin, je m'attachai tellement à la lecture de Tite-Live, qu'il se passa plus d'une bonne heure sans que je fisse réflexion sur mon appétit. Un valet de ce logis m'ayant averti de cette méprise, je courus au lieu où nous étions descendus, et j'arrivai assez à temps pour *compter*. »

La Fontaine fait remarquer à sa femme combien elle doit lui savoir gré d'être aussi exact à lui écrire : « Il ne s'en faut pas d'un quart-d'heure qu'il ne soit minuit; j'emploie cependant les heures qui me sont les plus précieuses à vous faire des relations, moi qui suis enfant du sommeil et de la paresse. »

Dans une lettre suivante, La Fontaine parle du court séjour qu'il fit à Ambroise, où Fouquet avait été enfermé d'abord. Récit naïf et touchant qui décèle toute la sensibilité du poète.

« Je demandai, dit-il, à voir la chambre qu'avait habitée Fouquet. Triste plaisir, je vous le confesse; mais enfin je le demandai. Le soldat qui nous conduisait n'avait pas la clef; au défaut, je fus longtemps à considérer la porte, et me fis conter la manière dont le prisonnier était gardé. Je vous en ferais volontiers la description; mais ce souvenir est trop affligeant.

Qu'est-il besoin que je retrace
Une garde au soin non pareil,
Chambre murée, étroite place,
Quelque peu d'air pour toute grâce,
    Jours sans soleil,
    Nuits sans sommeil,
Trois portes en six pieds d'espace !
Vous peindre un tel appartement,
Ce serait attirer vos larmes.
Je l'ai fait insensiblement :
Cette plainte a pour moi des charmes.

Sans la nuit, on n'eût jamais pu m'arracher de cet endroit.

CHAPITRE II

Joconde. — Liaison de La Fontaine avec Boileau. — Racine. — Molière. — Distraction de La Fontaine. — Son premier recueil de fables.

Joconde publié au commencement de l'année 1664, avait donné lieu à une contestation qui augmenta la célébrité de cet ouvrage. L'année précédente avait paru une histoire de Joconde, traduite de l'Arioste, d'un monsieur de Bouillon, secrétaire du duc d'Orléans. Les partisans de monsieur de Bouillon lui faisaient un mérite d'avoir traduit l'Arioste littéralement, et soutenaient que le conte de Joconde dans La Fontaine, était défiguré par les changements qu'on y avait faits. Les admirateurs de La Fontaine, prétendaient, au contraire, que le conte était devenu plus agréable par ces changements mêmes.

Boileau écrivit une dissertation en faveur de la

Joconde de La Fontaine. Non seulement, Boileau établit la grande supériorité de La Fontaine sur Bouillon, mais il donne même à La Fontaine l'avantage sur l'Arioste.

C'est vers cette époque que se forma cette étroite liaison entre Boileau, Racine, La Fontaine et Molière. Jamais on ne vit réunis quatre auteurs aussi éminents dans des genres si différents, et quatre hommes qui présentassent plus de contrastes dans leurs caractères et leurs manières.

Boileau, bruyant, brusque, tranchant mais loyal et brave ; Racine d'une gaieté douce et tranquille, mais malin et railleur ; Molière, attentif, mélancolique et rêveur. La Fontaine, souvent distrait mais quelquefois follement jovial et réjouissant par ses saillies, ses naïvetés spirituelles et sa simplicité pleine de finesse. A ces quatre poètes, se joignait souvent Chapelle, qui, d'après Racine, avait une imagination très vive, un esprit pénétrant fin et délicat.

Boileau loua pendant quelque temps un petit appartement au faubourg Saint-Germain, dans la rue du Vieux-Colombier, ou les cinq amis se réunissaient plusieurs fois par semaine, pour souper ensemble, et se communiquer leurs ouvrages. Souvent ces joyeux convives s'amusaient des distractions de La Fontaine, et faisaient contre lui d'innocentes conspirations ; ils l'avaient tous surnommé le bonhomme.

Un jour, le frère de Boileau, docteur en Sorbonne, se mit à parler longuement de saint Augustin, dont il fit un pompeux éloge. La Fontaine, absorbé dans ses rêveries habituelles, semblait ne pas entendre. Mais tout à coup, sortant de cette espèce d'assoupissement, et s'adressant au docteur, il lui demanda d'un grand sérieux s'il croyait que saint Augustin eût plus d'esprit que Rabelais. Le docteur surpris regarda le questionneur de la tête aux pieds et, pour toute réponse, se contenta de lui dire :

— Prenez garde, monsieur La Fontaine, vous avez mis un de vos bas à l'envers.

C'était vrai, mais le pédant docteur n'avait sans doute pas compris que La Fontaine s'était agréablement moqué de lui.

Une autre fois, comme on discutait sur le genre dramatique, La Fontaine condamna les *a parte* à la scène. — « Rien, disait-il, n'est plus contraire au bon sens. Quoi ! le parterre entendra ce qu'un acteur n'entend pas, quoiqu'il soit à côté de celui qui parle ! » — Et il s'échauffait en soutenant son sentiment.

— Il faut, dit alors Boileau, à haute voix, que La Fontaine soit un grand coquin, un grand maraud.

Boileau répétait continuellement les mêmes paroles sans que La Fontaine cessât de discuter. Enfin l'on éclata de rire; sur quoi La Fontaine demanda :

— De quoi donc riez-vous?

— Comment, lui dit Boileau, je m'épuise à vous injurier fort haut et vous ne m'entendez point, quoique je sois si près de vous que je vous touche, et vous êtes surpris qu'un acteur sur le théâtre n'entende point un *a parté* qu'un autre acteur dit à côté de lui?

A un de ces soupers, un jour que La Fontaine était, encore plus qu'à son ordinaire, plongé dans ses rêveries, Racine et Boileau, pour le retirer de sa somnolence, se mirent à le railler si vivement, qu'à la fin Molière trouva que c'était passer les bornes. Au sortir de la table, il poussa Descoteaux, le fameux joueur de flûte, dans l'embrasure d'une fenêtre, et lui dit : — « Nos beaux esprits ont beau se trémousser, ils n'effaceront pas le bonhomme. »

Parmi les plaisanteries qui égayaient ces réunions, il faut relever celle qui consistait à avoir toujours ouvert sur une table un poème de Chapelain, pour servir à la punition de celui qui avait commis quelque faute. Selon les statuts de la société, pour une faute grave, on devait lire vingt vers de ce poème ; l'arrêt qui condamnait à lire la page entière était assimilé à un arrêt de mort.

Les cinq amis cherchaient aussi à se corriger mutuellement de leurs défauts. C'est ainsi que Boileau rencontrant un jour Chapelle dans la rue, le réprimanda sur sa passion pour le vin. — « Vous avez raison, dit Chapelle, je me corrigerai ; mais entrons ici, nous en causerons plus à notre aise. » Ils entrèrent tous deux dans un cabaret, et Chapelle demanda une bouteille qui fut bientôt suivie d'une seconde, puis d'une troisième ; Chapelle, écoutant avec attention et d'un air repentant, remplissait le verre de Boileau, qui, s'animant dans son discours, buvait toujours sans s'en apercevoir, tant qu'enfin le prédicateur et le nouveau converti s'enivrèrent. Depuis lors, Boileau se promit de renoncer à corriger Chapelle de son inclination pour le vin.

Les réunions de la rue du Vieux-Colombier cessèrent à la suite de la brouille qui survint entre Racine et Molière.

Ce fut en 1668 que La Fontaine fit paraître le

premier recueil de ses *Fables*, qui contenait les six premiers livres et qui est dédié au Dauphin [1].

1. Louis, dauphin de France, fils de Louis XIV et de Marie-Thérèse d'Autriche, naquit à Fontainebleau, le 1er novembre 1661, et mourut à Meudon, le 14 avril 1711.

CHAPITRE III

Prétendue noblesse de La Fontaine. — Lettres à sa femme. — Sa bonhomie. — Portrait de La Fontaine.

La famille de La Fontaine avait quelque prétention à la noblesse. En 1657 une commission, chargée de rechercher les usurpateurs de titres, condamna notre poète à deux mille francs d'amende. Il écrivit à ce sujet une épître en vers au duc de Bouillon, seigneur de Château-Thierry ; nous en détachons le passage suivant, qui montre que La Fontaine reconnaissait volontiers qu'il n'était pas noble :

Je ne dis pas qu'il soit juste qu'on voie
Le nom de noble à toutes gens en proie ;
C'est un abus, il faut le prévenir ;
Et sans pitié les coupables punir ;
Il le faut, dis-je, et c'est où nous en sommes ;
Mais le moins fier, mais le moins vain des hommes

Qui n'a jamais prétendu s'appuyer
Du vain honneur de ce mot [1] d'écuyer,
Qui rit de ceux qui veulent le paroître,
Qui ne l'est point, qui n'a point voulu l'être...

Il n'est pas inutile, pour qu'on puisse se rendre compte du caractère de La Fontaine, de citer quelques fragments des lettres qu'il adressait à sa femme, avec laquelle il continuait de correspondre. Il lui écrivait de Limoges, où il était auprès de Jaumart : « Vous n'avez jamais voulu lire d'autres voyages que ceux de la Table Ronde : mais le nôtre mérite bien que vous le lisiez. Il pourra même arriver que, si vous goûtez ce récit, vous en goûtiez après de plus sérieux. Vous ne jouez, ni ne travaillez, ni ne vous souciez du ménage, et, hors ce temps que vos bonnes amies vous donnent par charité, il n'y a que les romans qui vous divertissent.

« Considérez l'utilité que ce serait, si en badinant je vous avais accoutumée à l'histoire, soit des lieux, soit des personnes ; vous auriez de quoi vous désennuyer toute votre vie, pourvu que ce soit sans intention de rien retenir, moins encore de rien citer. Ce n'est pas une qualité pour une femme d'être

1. On avait produit des actes dans lesquels La Fontaine était qualifié d'écuyer.

savante, et c'en est une très mauvaise que d'affecter de paraître telle. »

Ces leçons sont excellentes mais elles sont données de façon à prouver que, si la Fontaine était bon avec tous, il n'avait pas les mêmes sentiments vis-à-vis de sa femme.

La Fontaine ne tenait pas beaucoup plus aux biens de ce monde qu'aux titres de noblesse.

Un jour, averti par un de ses amis qu'un procès qu'il avait à Paris allait être jugé le lendemain, La Fontaine se met en route ; mais en chemin, il s'arrête chez une de ses connaissances qui demeurait à une lieue de la capitale. Il est reçu avec joie, accueilli avec empressement, parle de vers et oublie son procès. On l'invite à coucher : il consent à rester. Il dort toute la nuit et se réveille tard dans la matinée. Mais, en se réveillant, il se rappelle enfin le motif pour lequel il s'est mis en route ; il repart, arrive trop tard, et essuie les reproches de son ami. Sans se déconcerter, La Fontaine répond froidement qu'il est bien aise au fond de cet incident, parce qu'il n'aimait ni à parler d'affaires, ni à en entendre parler.

Une autre fois, en revenant à cheval de Paris à Château-Thierry, il avait attaché à l'arçon de sa selle des papiers de famille de la plus grande importance; ils se détachèrent, et tombèrent, sans que La Fontaine, occupé à rêver, s'en aperçût. Le courrier de l'ordinaire passe quelques minutes apres, voit un paquet à terre, et le ramasse; puis, à quelque distance, il aperçoit un cavalier seul sur la route : c'était La Fontaine, auquel il demanda s'il n'avait rien perdu. La Fontaine, tout étonné de la question, regarde de tous côtés, et répond avec assurance qu'il ne lui manque rien. « Cependant, dit le courrier, je viens de trouver à terre ce sac de papiers. — Ah! c'est à moi, s'écrie La Fontaine, et il y va de tout mon bien. » Puis il reprend son paquet avec empressement et l'emporte.

La vie de La Fontaine est pour ainsi dire, une distraction continuelle: mais ses distractions semblent parfois plutôt feintes que réelles.

C'est ainsi qu'invité un jour à dîner chez un financier qui était flatté d'avoir parmi ses convives un homme de son mérite et de sa réputation, La Fontaine dîne très bien, ne dit mot, et, en sortant de table, s'apprête à quitter la maison. On veut le retenir :

— Il y a, dit-il, séance à l'Académie, et j'y vais.

— Mais la séance ne commence que dans une heure.

— Ah! bien, répond-il, je prendrai le plus long.

Ce mot est peut-être moins une distraction que la boutade d'un homme ennuyé des gens qui l'entourent.

Autant La Fontaine était aimable par la douceur du caractère, autant il l'était peu par les agréments de la société. « Il n'y mettait jamais rien du sien — dit de lui Louis Racine — il ne parlait pas, ou voulait toujours parler de Platon. »

La Bruyère trace ainsi le portrait de La Fontaine :

« Un homme paraît grossier, lourd, stupide ; il ne sait pas parler, ni raconter ce qu'il vient de voir : s'il se met à écrire, c'est le modèle des bons contes ; il fait parler les animaux, les arbres, les pierres, tout ce qui ne parle pas ; ce n'est que légèreté, qu'élégance, que beau naturel, et que délicatesse dans ses ouvrages. »

Olivet, qui a vécu avec plusieurs amis de La Fontaine, parle dans les termes suivants de notre poète :

« A sa physionomie, on n'eût point deviné ses talents. Rarement il commençait la conversation, et même, pour l'ordinaire, il y était si distrait, qu'il ne savait ce que disaient les autres. Il rêvait à tout autre chose, sans qu'on pût dire à quoi il rêvait. Si pourtant il se trouvait entre amis, et que le discours vînt à s'animer par quelque agréable dispute, surtout à table, alors il s'échauffait véritablement, ses yeux s'allumaient, c'était La Fontaine en personne, et non pas un fantôme revêtu de sa figure. »

Mme de la Sablière disait, un jour qu'elle avait congédié tous ses domestiques :

— Je n'ai gardé avec moi que mes trois bêtes, mon chien, mon chat et La Fontaine.

Ce n'était pas un homme mais un *fablier* — selon l'expression de la duchesse de Bouillon — un arbre qui portait naturellement des fables.

Et pourtant on le recherchait, on l'aimait. La Fontaine se fit de tous ceux qu'il rencontra des protecteurs et des amis. On l'a surnommé le *bonhomme*. Jamais surnom ne fut plus justifié. Si des personnes dans l'affliction s'avisaient de le consulter, il s'attendrissait, cherchait des expédients et en trouvait.

Un jour, la Marne débordée emporte le pont et la chaussée de Château-Thierry. Pour tout réparer il faut de l'argent, et la ville est pauvre. La Fontaine se met aussitôt à écrire une ballade avec ce refrain :

L'argent surtout est nécessaire

Et il obtient que les réparations se feront aux frais de l'État.

Le bonhomme, qui négligeait volontiers ses affaires, se mêlait, on le voit, quelquefois à propos de celles des autres.

Les réunions de la rue du Vieux-Colombier devinrent en ce temps-là moins suivies, après que Racine eût désobligé Molière, en retirant de son théâtre sa pièce d'Alexandre, pour la donner à l'hôtel de Bourgogne, et en lui enlevant, pour ce dernier théâtre, la Du Parc, une de ses meilleures actrices. La Fontaine resta toujours l'ami de Racine et de Molière, mais il fréquenta moins Boileau, dont l'humeur austère et le caractère peu indulgent lui convenaient moins.

Quant à Chappelle, dont les excès augmentaient avec les années, La Fontaine cessa de le voir.

Les quatre amis essayèrent de réconcilier La Fontaine avec sa femme; Mme de La Fontaine, qui se trouvait alors à Paris avec son mari, mécontente de lui, l'avait quitté, et s'était retirée à Château-Thierry. On fit comprendre à La Fontaine que cette séparation ne lui faisait point honneur, et on l'engagea à faire un voyage à Château-Thierry pour se réconcilier avec sa femme. Boileau et Racine lui firent tant d'instances qu'il se fit violence et partit dans la voiture publique. Arrivé chez sa femme, il trouva une domestique qui ne le connaissait pas et qui lui dit que madame était au salut. La Fontaine se rendit alors chez un de ses amis qui lui donna à souper et à coucher et le garda pendant deux jours; soit que, durant cet intervalle de temps, il y ait eu par des personnes intermédiaires des explications qui aigrirent encore davantage les deux époux l'un contre l'autre, soit qu'enfin La Fontaine, n'étant plus poussé par les instances et les conseils de ses amis, ne pût dominer la répugnance que lui causait cette réconciliation, il retourna à Paris sans avoir vu sa femme.

Quand ses amis le revirent et lui demandèrent s'il était réconcilié avec elle, honteux et confus, et voulant, pour s'épargner les remontrances, taire la raison de son retour, il leur dit : « J'ai été pour la voir, mais je ne l'ai pas trouvée, elle était au salut. »

Dans ce temps, La Fontaine était un des intimes de la société du Luxembourg et de la duchesse douairière d'Orléans. Gaston, duc d'Orléans, frère de Louis XIII et oncle de Louis XIV, avait épousé en 1616, en premières noces Mlle Bourbon de Montpensier qui mourut l'année suivante, en laissant de ce mariage mademoiselle de Montpensier, héritière de ses grands biens. Gaston se remaria en 1634, contre le consentement de Louis XIII, son frère, et épousa Marguerite, sœur de Charles duc de Lorraine.

Gaston étant mort en 1660, Philippe, frère unique du roi, commença la nouvelle branche d'Orléans, et Marguerite fut la duchesse douairière d'Orléans. La Fontaine composa trois petites pièces qu'il publia en 1671. Épitre pour Mignon, chien de S. A. R. Mme la duchesse d'Orléans, et deux sonnets.

C'est aussi vers cette époque que La Fontaine paraît avoir obtenu par l'entremise de ses puissants amis une charge de gentilhomme chez Madame Henriette d'Angleterre, première femme de Monsieur. La Fontaine avait fait paraître un nouveau recueil de contes en 1665 ou 1666 : le succès de ce nouveau recueil surpassa encore celui du premier. On le réimprima l'année suivante, en y ajoutant la dissertation sur Joconde, et une partie du conte de la Coupe enchantée.

Les fables furent imprimées en un volume

in-4°, avec figures dessinées et gravées par Chauveau. En 1668, le recueil de fables, qui contenait les six premiers livres est dédié au Dauphin. Ces petites productions renferment les conseils de la plus haute sagesse, et brillent de l'éclat et des richesses de la poésie; elles assurèrent à La Fontaine le rang élevé qu'il occupe sur le Parnasse français.

CHAPITRE IV

La fable. — Son origine. — Phèdre, Esope, Babrias, Avinus, Aphtonius. — De quelques autres fabulistes. — Le livre de Bïdpaï. — Des écrivains qui l'ont imité et traduit. — Les fables de Lockman. — Le « Roman du Renard. » — Fabulistes français. — Fables de La Fontaine. — « Le meunier, son fils et l'âne. » — « Le bûcheron et la mort. » — « L'homme et son image. » — « Le lion amoureux. »

Nommer la fable — dit la Harpe — c'est nommer La Fontaine. Le genre et l'auteur ne font qu'un. Ésope, Phèdre, Pilpay, Aviénus avaient fait des fables. Il vient et les prend toutes, et ces fables ne sont plus celles d'Ésope, de Phèdre, de Pilpay, d'Aviénus : Ce sont les fables de La Fontaine.

Qu'est-ce que la fable — ou, plus justement, l'apologue?

L'apologue est l'exposé d'une vérité morale sous une forme allégorique.

Phèdre, qui avait été esclave, attribue l'invention de l'apologue à l'esclavage, forcé d'avoir recours à une allégorie pour se faire entendre. Mais il se peut bien aussi, comme le prétend Voltaire, que, les hommes aimant naturellement les images, les gens d'esprit se soient amusés à leur faire des contes, sans aucune autre vue.

Quoi qu'il en soit, l'apologue remonte à la plus haute antiquité, et les fables attribuées à Ésope, ont été vraisemblablement inventées en Asie par les premiers peuples subjugués. Ce goût de paraboles, d'énigmes, cette habitude de parler toujours par images, durent encore en Asie ; les poètes et et les philosophes asiatiques n'ont jamais écrit autrement.

Socrate fut le premier qui entreprit de mettre en vers les fables d'Ésope.

Une découverte recente, due à un savant grec, M. Minoïde Minas, nous a rendu une grande partie des fables de Babrias ou Babrius, qui paraît avoir vécu après Phèdre.

Un certain Julius Titianus s'acquit dans le deuxième siècle de notre ère plus de célébrité que Phèdre, en traduisant en prose latine les fables de Babrias. C'est ce recueil qu'Aviénus mit en vers latins, sous le règne de l'empereur Théodose.

Vers la fin du troisième siècle de l'ère chrétienne, le rhéteur Aphtonius écrivit en prose grecque une quarantaine de fables tirées d'Ésope et de Babrias.

On trouve encore quelques fables dans Diodore de Sicile, qui raconte la fable du *Lion amoureux* — dans Aulu-Gelle auquel on doit la fable de *l'Alouette et ses petits*, et enfin dans Horace et dans Apulée.

Mais il est un ouvrage que l'antiquité classique a ignoré et qui est plus ancien que tous les recueils de fables des Grecs et des Romains. Nous voulons parler du livre de Bidpaï (ou Pilpay), dont la source première est un ancien recueil de fables hindoues, traduit au VIe siècle de notre ère en langue perse sous le titre de *Calilah et Dimnah* [1].

Tous les recueils de fables composées en Orient, sous les khalifes, et en Occident, pendant le moyen âge, ne furent que des imitations ou des abrégés du livre de Bidpaï.

Quant aux quarante et une fables écrites en arabe, que l'on a mises sous le nom de Lockman [2], toutes très courtes, sans aucune liaison entre elles

1. Noms de deux chacals qui figurent dans la première fable.

2. Le mot *lockman* signifie *le sage* en arabe. Ce qui a fait prétendre à quelques savants que Lockman n'était autre que Salomon, roi des Juifs.

et d'un style fort négligé, elles ne sont qu'une simple traduction des fables d'Ésope.

Le Roman du Renard composé en vers au commencement du XIIIe siècle par Perrot de Saint-Cloud et tiré également de *Calilah*, trouva des continuateurs et des traducteurs.

Si La Fontaine eût connu ces anciens monuments de notre littérature, il eût profité de la manière ingénieuse dont l'auteur de ce long poème a modifié la fable du *corbeau et du renard*, empruntée à Ésope et à Phèdre. Pour parvenir à ses fins, le renard, dans le vieux poète français, n'emploie pas, comme dans notre fabuliste, une grossière adulation. Il vante la voix forte et élevée du père du corbeau, et celui-ci ne veut pas avoir l'air d'avoir dégénéré; il tombe dans le piège tendu à sa vanité par le rusé renard, qui se saisit aussitôt de la proie que le corbeau a lâchée.

Après l'invention de l'imprimerie (1440), les éditions et les traductions des fables d'Ésope se multiplièrent. L'apologue prit bientôt un plus grand développement.

En 1542 Gilles de Corrozet donna un recueil composé de cent fables mises en vers, d'après Ésope. Guillaume Haudent et Laurent de Valla nous ont également laissé des fables, pour la plupart traduites ou imitées des anciens auteurs.

Enfin parut La Fontaine, et, avec ce charmant conteur, la fable allait prendre un développement nouveau.

Quatre des fables de ce premier recueil sont dédiées à différentes personnes. La première fable du troisième livre est adressée à M. de Maucroix. C'est celle du *Meunier, son fils et l'âne.*

La première fable du cinquième livre, *Le bûcheron et la mort* est adressée à un anonyme dont les lettres initiales semblent indiquer le chevalier de Bouillon. La Fontaine, dans cette fable, a dépassé non seulement Ésope qu'il a pris pour modèle, mais encore les vieux poètes français, qui, avant lui, avaient traité le même sujet.

Écoutons-le notre fabuliste :

Un pauvre bûcheron, tout couvert de ramée,
Sous le faix du fagot aussi bien que des ans,
Gémissant et courbé, marchait à pas pesants
Et tâchait de gagner sa chaumière enfumée.
Enfin, n'en pouvant plus d'effort et de douleur,
Il met bas son fagot, il songe à son malheur,
Quel plaisir a-t-il eu depuis qu'il est au monde?
En est-il un plus pauvre en la machine ronde?
Point de pain quelquefois, et jamais de repos;
Sa femme, ses enfants, les soldats, les impôts,

Le créancier, et la corvée,
Lui font d'un malheureux la peinture achevée.
Il appelle la Mort. Elle vient sans tarder,
Lui demande ce qu'il faut faire.
C'est, dit-il, afin de m'aider
A recharger ce bois; tu ne tarderas guère.

Le trépas vient tout guérir;
Mais ne bougeons d'où nous sommes :
Plutôt souffrir que mourir,
C'est la devise des hommes.

Ce tableau si vrai de l'homme qui, par peur de la mort, tient à l'existence, si misérable qu'elle soit, qui se plaint mais qui préfère encore la rude tâche de la vie à l'inconnu, ce tableau a séduit également deux autres de nos poètes. Boileau et Jean-Baptiste Rousseau ont refait, après La Fontaine, la fable *du Bûcheron et de la mort :* mais tous deux ont succombé dans la lutte et prouvé combien il était difficile d'égaler le bonhomme. On retrouve dans ces deux apologues la même morale, la même image, la même marche, presque les mêmes expressions que dans La Fontaine; cependant le bûcheron de Boileau, comme celui de Rousseau, est mort depuis longtemps, et le bûcheron de la Fontaine vit toujours, malgré son grand âge.

La première fable du quatrième livre *Le Lion*

amoureux, est adressée à Mlle de Sévigné, depuis madame de Grignon, belle, mais froide et réservée; aussi La Fontaine lui dit :

Sévigné de qui les attraits
Servent aux grâces de modèle
Et qui naquites toute belle,
A votre indifférence près.

Enfin la onzième fable du premier livre est adressée à l'auteur des *Maximes* [1], au célèbre La Rochefoucauld. Veut-on un exemple des éloges singulièrement délicats que La Fontaine savait décerner à ceux qui lui en paraissaient dignes? Lisez cette fable de l'*homme et son image :*

Un homme qui s'aimait, sans avoir de rivaux,
Passait dans son esprit pour le plus beau du monde :
Il accusait toujours les miroirs d'être faux,
Vivant plus que content dans son erreur profonde.

1. Le livre des *Maximes* parut pour la première fois en 1665. Ce livre, intitulé *Réflexions et maximes morales*, a un frontispice gravé qui a pu donner à La Fontaine l'idée de la fable de l'*Homme et son image*. Ce frontispice représente un Amour qui vient d'arracher au buste de Sénèque le masque qui couvrait sa face et la couronne de laurier qui s'y trouvait attachée. Une inscription mise au bas de l'enfant ailé nous apprend que c'est l'*Amour de la vérité*. Il montre du doigt, avec un rire sardonique, la tête du philosophe, hideuse et défigurée par le remords.

Afin de le guérir, le sort officieux
Présentait partout à ses yeux
Les conseillers muets dont se servent nos dames :
Miroirs dans les logis, miroirs chez les marchands,
Miroirs aux poches des galants,
Miroirs aux ceintures des femmes.
Que fait notre Narcisse? Il se va confiner
Aux lieux les plus cachés qu'il peut imaginer,
N'osant plus des miroirs éprouver l'aventure.
Mais un canal, formé par une source pure,
Se trouve en ces lieux écartés :
Il s'y voit, il se fâche ; et ses yeux irrités
Pensent apercevoir une chimère vaine.
Il fait tout ce qu'il peut pour éviter cette eau :
Mais quoi! le canal est si beau
Qu'il ne le quitte qu'avec peine.

On voit bien où je veux venir.
Je parle à tous; et cette erreur extrême
Est un mal que chacun se plaît d'entretenir.
Notre âme, c'est cet homme amoureux de lui-même.
Tant de miroirs, ce sont les sottises d'autrui,
Miroirs, de nos défauts les peintres légitimes;
Et quant au canal, c'est celui
Que chacun sait, le livre des *Maximes*.

Quoi de plus spirituellement figuré, pour louer un livre qui plaît même à ceux qu'il censure, que de le comparer à une eau transparente où l'homme vain aperçoit malgré lui ses traits tels qu'ils sont, dont il cherche à s'éloigner, et vers laquelle il revient toujours?

L'homme et son image, est la seule fable qui appartienne notoirement à La Fontaine. Mais qu'importe que celui qui a été appelé l'*inimitable* ait puisé dans son propre fonds ou dans une autre source les sujets qu'il a traités! on connaît la manière dont il *copiait* ses modèles!

CHAPITRE V

« Psyché. » — Mort de Madame. — Généreuse hospitalité de Mme de la Sablière. — Portrait de cette femme célèbre. — Mort de Molière. — Son épitaphe par La Fontaine. — M. de Nicet et Mlle de Champmeslé. — « Daphné. » — Querelle de La Fontaine avec Lulli. « Astrée. » — Deuxième recueil de Fables.

Dans l'épilogue qui terminait le premier recueil de ses Fables, La Fontaine disait :

Bornons ici notre carrière :
Les longs ouvrages me font peur.
Loin d'épuiser une matière
On n'en doit prendre que la fleur.

. . . .

Amour, ce tyran de ma vie,
Veut que je change de sujets :
Il faut contenter son envie.
Retournons à Psyché. Daman, vous m'exhortez
A peindre ses malheurs et ses félicités
J'y consens...

Le poème de *Psyché* parut en 1669. On y retrouve parfois le talent du conteur, mais le principal défaut de ce roman est la longueur des épisodes. L'ouvrage cependant eut un très grand succès. Molière et Corneille en composèrent un opéra. — La *Psyché* est dédiée à la duchesse de Bouillon.

Les deux volumes que publia la Fontaine, l'année 1671, charmèrent Mme de Sévigné, qui les envoya à sa fille, qu'elle interrogea ainsi dans une première lettre.

« Mais n'avez-vous point trouvés jolies les cinq ou six fables de La Fontaine, qui sont dans un des tomes que je vous ai envoyés? Nous en étions ravis l'autre jour, chez M. de la Rochefoucauld; nous apprîmes par cœur celle du Singe et du Chat, cela est peint : et la Citrouille et le Rossignol, cela est digne du 1er tome. » Il paraît que Mme de Grignan n'était pas de l'idée de sa mère, car Mme de Sévigné lui répondit : « Ne rejetez pas si loin ces derniers livres de La Fontaine : il y a des fables qui vous raviront et des contes qui vous charmeront : la fin des Oies du frère Philippe, les Rémois, le Petit Chien, tout cela est bien joli : il n'y a que ce qui n'est point de ce style qui est plat. Je voudrais faire une fable qui lui fît entendre com-

— La Fontaine ne ment jamais en prose.

Mme de la Sablière était, sans contredit, une des femmes les plus remarquables de son siècle. Aussi modeste que savante, elle était versée dans la langue latine et possédait de sérieuses connaissances en mathématiques, en astronomie, en histoire naturelle et en philosophie. Sa maison était le rendez-vous des hommes les plus éminents dans les sciences, dans les lettres et dans les arts. Le philosophe Bayle, en rendant compte dans son journal d'un livre que Bernier avait dédié à cette femme célèbre, dit :

« Mme de La Sablière est connue partout pour un esprit extraordinaire et pour un des meilleurs, M. Bernier, qui est un grand philosophe, ne doute pas que le nom illustre qu'il a mis à la tête de ce traité-là n'immortalise son ouvrage plus que son ouvrage n'immortalisera son nom. »

La Fontaine dans une de ses fables (liv. XII, fab. 15) nous a laisse un charmant portrait de sa bienfaitrice. Le poète loue, dans Mme de la Sablière,

Ses traits, son souris...
Son art de plaire et de n'y penser pas,
Ses agréments, à qui tout rend hommage
. . . .
... Ce cœur vif et tendre infiniment

Pour ses amis...
Car cet esprit, qui, né du firmament,
A beauté d'homme avec grâce de femme.

Notre fabuliste eut la douleur de perdre, en 1673, son ami Molière. Il écrivit sur cette mort qui l'atteignait dans une de ses plus chères affections, les vers suivants que le temps a malheureusement confirmés :

Sous ce tombeau gisent Plaute et Térence
Et cependant le seul Molière y gît.
. . . .
Ils sont partis ! et j'ai peu d'espérance
De les revoir. Malgré tous nos efforts,
Pour un long temps, selon toute apparence,
Térence et Plaute, et Molière sont morts.

C'est à ce moment que La Fontaine se lia avec M. de Niert, premier valet de chambre du roi, grand amateur des beaux arts, et avec la célèbre actrice Mlle de Champmeslé, à laquelle il écrivit un jour :

— « Tout sera bientôt au roi de France [1] et à Mlle de Champmeslé. »

La Fontaine désapprouvait le genre de l'opéra comme contraire au bon goût, le public francais ne

1. Louis XIV était alors au fort de ses conquêtes.

goûta point d'abord l'opéra, transporté d'Italie en France par le cardinal Mazarin.

Des machines d'abord le surprenant spectacle
Éblouit le bourgois, et fait crier miracle,
Mais la seconde fois, il ne s'y pressa plus,
Il aima mieux le Cid, Horace, Héraclius.
Aussi de ces objets l'âme n'est point émue,
Et même rarement ils contentent la vue,
Quand j'entends le sifflet, je ne trouve jamais
Le changement si prompt que je me le promets.
Souvent au plus beau char le contre poids résiste,
Un dieu pend à la corde et crie au machiniste;
Un reste de forêt demeure dans la mer,
Ou la moitié du ciel au milieu de l'enfer.
. . . .
Mais Louis veut, ...
... Sur le théâtre ainsi qu'à la campagne,
La foule qui le suit, l'éclat qui l'accompagne,
Grand en tout, il veut mettre en tout la grandeur.
La guerre fait sa joie et sa plus forte ardeur.
Ces divertissements ressentent tous la guerre,
Ces concerts d'instruments ont le bruit du tonnerre,
Et ces concerts de voix ressemblent aux éclats
Qu'en un jour de combat font les cris des soldats.

Après avoir refusé, sur les instances pressantes de Lulli, il se décida à composer un opéra intitulé *Daphné*. Obsédé par le musicien qui lui demandait sans cesse des changements, de nouvelles dispositions de scènes, des vers tantôt plus longs, tantôt plus courts, La Fontaine se soumettait à tous les caprices, à toutes les exigences, quand, au bout de quatre mois de persécution, Lulli abandonna l'ouvrage pour faire la musique d'un opéra de Quinault. La Fontaine alors répandit le « peu qu'il avait de bile » — comme il le dit lui-même — dans une satire où la bile ne manque pas.

Le Florentin [1]
Montre à la fin
Ce qu'il sait faire.
J'en étais averti, l'on me dit : Prenez garde,
Quiconque s'associe avec lui se hasarde.
. . . .
... Il me persuada
A tort, à droit me demanda
Du doux, du tendre, et semblables sornettes,
Petits mots, jargons d'amourettes
Confits au miel : bref il « m'enquinauda. »

La Harpe raconte à propos de *Daphné*, l'anecdote suivante :

« La pièce fut jouée sur le théâtre de Paris,
« L'auteur était dans une loge : on n'avait pas
« encore exécuté la première scène, que le voilà

1. Titre de cette satire. — Lulli était florentin.

« pris d'un long bâillement qui ne finit plus. « Bientôt il n'y peut plus tenir, et sort à la fin du « premier acte. Il va dans un café qu'il avait « coutume de fréquenter, se met dans un coin : « apparemment l'influence de l'opéra le pour- « suivait encore ; car la première chose qu'il fait « c'est de s'endormir. Arrive un homme de sa « connaissance, qui, fort surpris de le voir là, le « réveille.

« — Eh ! monsieur de La Fontaine, que faites- « vous donc ici ? Et par quel hasard n'êtes-vous « pas à votre opéra ? »

« — Oh ! j'y ai été, j'ai vu le premier acte ; « mais il m'a si fort ennuyé, qu'il ne m'a pas été « possible d'en voir davantage. En vérité, j'admire « la patience des Parisiens. »

Mais La Harpe paraît avoir confondu l'opéra de *Daphné*, qui ne fut jamais représenté, avec un autre opéra de La Fontaine, *Astrée*, dont Colasse avait fait la musique, et qui fut joué en 1691.

Dans cette même année 1679, parut un second recueil de *Fables*. Il ne renfermait que cinq livres, ce qui faisait avec les six premiers, onze livres de fables. Le douzième et dernier livre ne parut que longtemps après.

Ce second recueil se terminait par un épilogue

consacré à la louange du roi. La Fontaine voulut offrir lui-même sa pièce à Louis XIV. Il se rendit à Versailles, mais lorsqu'il se trouva devant le monarque, il chercha vainement dans ses poches le livre qu'il devait présenter : il l'avait oublié.

— Ce sera pour une autre fois, Monsieur de La Fontaine, lui dit Louis XIV avec bonté.

Et il se retira comblé de présents, mais on ajoute qu'à son retour il perdit aussi par distraction, la bourse pleine d'or que le roi lui avait fait remettre et qu'on retrouva heureusement sous les coussins de la voiture qui l'avait ramené.

La Fontaine dans l'avertissement de son second recueil, prévient ses lecteurs que, pour mettre plus de variété dans son ouvrage, il a cru devoir donner à ses dernières fables un tour un peu différent de celui qu'il avait donné aux premières « tant, ajoute-t-il, à cause de la différence des sujets, que pour remplir de plus de variétés mon ouvrage. » La vérité était qu'il s'était aperçu que les fables qui avaient eu le plus de succès, étaient celles dans lesquelles il s'était abandonné à son génie.

Et en effet, La Fontaine dans ce second recueil s'est écarté de la brièveté de Phèdre et d'Ésope pour s'abandonner à son propre génie, à ses propres inspirations. Aussi les dernières fables de La Fontaine sont-elles, quoiqu'en dise Chamfort, supérieures aux premières.

Il faut lire et relire l'admirable flable des *Deux pigeons* (liv. IX, fab. 2) dont le sujet est emprunté à Bidpaï :

Deux pigeons s'aimaient d'amour tendre :
L'un s'ennuyant au logis,
Fut assez fou pour entreprendre
Un voyage en lointain pays.
L'autre lui dit : qu'allez-vous faire?
Voulez-vous quitter votre frère?
L'absence est le plus grand des maux :
Non pas pour vous, cruel ! A moins que les travaux,
Les dangers, les soins du voyage,
Changent un peu votre courage.
Encore, si la saison s'avançait davantage !
Attendez les zéphirs : Qui vous presse? Un corbeau
Tout à l'heure annonçait malheur à quelque oiseau.
Je ne songerai plus que rencontre funeste,
Que faucons, que réseau. Hélas! dirai-je, il pleut.
Mon frère a-t-il tout ce qu'il veut
Bon soupé, bon gîte et le reste?
Ce discours ébranla le cœur
De notre imprudent voyageur.
Mais le désir de voir et l'humeur inquiète
L'emportèrent enfin. Il dit : Ne pleurez point.
Trois jours au plus rendront mon âme satisfaite :
Je viendrai dans peu conter de point en point
Mes aventures à mon frère;

Je le désennuierai. Quiconque ne voit guère
N'a guère à dire aussi. Mon voyage dépeint,
Vous sera d'un plaisir extrême.
Je dirai : j'étais là, telle chose m'advint :
Vous y croirez être vous-même.
A ces mots, en pleurant, ils se dirent adieu.
Le voyageur s'éloigne : et voilà qu'un nuage
L'oblige de chercher retraite en quelque lieu.
Un seul arbre s'offrit, tel encor que l'orage
Maltraita le pigeon en dépit du feuillage.
L'air devenu serein, il part tout morfondu,
Sèche du mieux qu'il peut son corps chargé de pluie;
Dans un champ à l'écart voit du blé répandu,
Voit un pigeon auprès : cela lui donne envie :
Il y vole, il est pris : ce blé couvrait d'un las
Les menteurs et traîtres appas.
Le las était usé ; si bien que, de son aile,
De ses pieds, de son bec, l'oiseau le rompt enfin.
Quelque plume y périt; et le pis du destin
Fut qu'un certain vautour à la serre cruelle,
Vit notre malheureux, qui, traînant la ficelle
Et les morceaux du las qui l'avait attrapé,
Semblait un forçat échappé.
Le vautour s'en allait le lier [1], quand des nues
Fond à son tour un aigle aux ailes étendues
Le pigeon profita du conflit des voleurs,
S'envola, s'abattit auprès d'une masure,
Crut pour ce coup que ses malheurs
Finiraient par cette aventure;
Mais un fripon d'enfant (cet âge est sans pitié),
Prit sa fronde, et du coup tua plus d'à moitié

1. Le saisir dans ses serres; terme de fauconnerie.

La volatile malheureuse,
Qui, maudissant sa curiosité,
Traînant l'aile, et tirant le pied,
Demi morte et demi boiteuse,
Droit au logis s'en retourna :
Que bien, que mal [2], elle arriva
Sans autre aventure fâcheuse.
Voilà nos gens rejoints, et je laisse à juger
De combien de plaisirs ils payèrent leurs peines.

Quelle plus belle image de l'amitié que celle du pauvre pigeon délaissé, oubliant ses propres souffrances pour ne penser qu'au voyageur, à ce qu'il deviendra, aux dangers qu'il aura peut-être à courir ! Quelle tendresse éloquente dans ces simples mots :

Hélas ! dirai-je, il pleut,
Mon frère a-t-il tout ce qu'il veut?

On prétend que, de toutes ses fables, celle que La Fontaine préférait était celle qui a pour titre le *Chêne et le Roseau* (liv. I, fab. 22). La vérité est que le poète a semé dans ce court apologue une foule de locutions nouvelles et heureusement figurées qu'on ne saurait trop admirer.

Quelle ressemblance n'offre pas cette peinture

2. Pour tant bien que mal.

Le moindre vent qui d'aventure
Fait « rider » la face de l'eau.

Quel tableau saisissant ne présente pas cette description des endroits bas et marécageux où croissent ordinairement les roseaux :

Vous naissez le plus souvent
Sur les humides bords des royaumes du vent.

L'arbuste fragile et le chêne robuste peuvent-ils être mieux représentés que dans ce vers :

Tout vous est aquilon, tout me semble zéphyr.

Et le vent impétueux et destructeur peut-il être plus poétiquement désigné que dans cet autre passage :

Du bout de l'horizon accourt avec furie
Le plus terrible des enfants
Que le nord eût porté jusque-là dans ses flancs.

Et cependant tous les critiques ont accordé le prix à l'apologue qui ouvre le second recueil, les *Animaux malades de la peste* (liv. VII, fab. 1). La Harpe notamment, observe que la poésie est aussi parfaite dans cette fable que dans celle du *Chêne et le Roseau;* mais que le fond en est beaucoup plus riche et plus étendu, et les applications morales autrement importantes.

La Fontaine, dans *les Animaux malades de la peste*, a voulu flétrir, en s'en moquant, certains jugements de cour qui, comme il le dit fort bien, vous rendront blanc ou noir

> Selon que vous serez puissant ou misérable.

Rien de plus juste, rien de plus moral ; nous ajouterons rien de plus courageux, car la fable des *Animaux malades de la peste*, comme les *Plaideurs* de Racine, qui parurent presque au même moment, sont de ces œuvres qu'il était dangereux de produire.

La Fontaine charme surtout par l'observation intime des mœurs des animaux. Ses personnages ne sont pas, comme parfois ceux de Phèdre, de simples interlocuteurs sous la figure d'animaux ; les bêtes de notre fabuliste sont toujours de vraies bêtes, qu'elles ruminent ou qu'elles mugissent, qu'elles bêlent ou qu'elles coassent.

Une anecdote rapportée par Mathieu Marais, prouve que La Fontaine trouvait du plaisir à étudier de près les mœurs des animaux. Étant à Antony, chez un de ses amis, il ne se trouva point à l'heure du dîner, et ne parut qu'après qu'on eut terminé le repas. On lui demanda où il était allé : il dit qu'il venait de l'enterrement d'une fourmi ; qu'il avait suivi le convoi dans le jardin ; qu'il avait reconduit la famille jusqu'à la maison, qui était la fourmilière, et il fit là-dessus une description du gouvernement de ces petits animaux qu'il a, depuis, transportée dans sa *Psyché* et dans ses *Fables*.

Il y a dans le second recueil, cinq fables dédiées à différentes personnes. La quatrième fable du huitième livre, intitulée *le Pouvoir des fables*, est dédiée à M. Barillon, ambassadeur de France, homme d'un esprit fort goûté et grand ami de Mme de Sévigné.

Pour bien entendre le prologue et les louanges que La Fontaine fait à M. Barillon, il faut rappeler les circonstances qui leur donnèrent lieu.

Charles II avait été rétabli en 1660 sur le trône de ses pères, jamais règne ne commença sous de plus heureux auspices que le sien. Tous les partis, tour à tour oppresseurs et opprimés, avaient espéré trouver sous son sceptre légal deux sortes d'avantages, la liberté et le repos.

Le jeune roi avait également à se défier de ses amis et de ses ennemis, et n'avait pas les qualités nécessaires pour surmonter tous les obstacles ; il s'aliéna le Parlement. Louis XIV lui fit parvenir ses subsides et lui promit son appui pour le soustraire à la tutelle de la Chambre des communes.

Louis XIV choisit Barillon pour ces négociations délicates. Par l'habileté de ce négociateur, et par les subsides de Louis XIV, l'Angleterre devint l'instrument de la grandeur de la France.

Puis, lorsque celui-ci se fut emparé de la Flandre, de la Franche-Comté et d'une moitié de la Hollande, presque toute l'Europe alarmée se ligua contre le grand monarque, et le Parlement, que Charles II avait assemblé le plus tard possible et qui ouvrit ses séances le 13 août 1675, le contraignit à se joindre aux autres puissances pour entrer successivement dans des négociations qui amenèrent la paix de Nimègue. C'est pendant ces débats que La Fontaine dédia la fable suivante à M. Barillon.

La Fontaine dans le prologue, donne à M. Barillon, des louanges qui cachent peut-être une pointe d'ironie :

La qualité d'ambassadeur
Peut-elle s'abaisser à des contes vulgaires?
Vous puis-je offrir mes vers et leurs grâces légères?
S'ils osent quelquefois prendre un air de grandeur

Seront-ils point traités par vous de téméraires ?
Vous avez bien d'autres affaires
A démêler que les débats
Du lapin et de la belette.
Lisez-les, ne les lisez pas ;
Mais empêchez qu'on ne nous mette
Toute l'Europe sur les bras.

. . . .

La treizième fable du livre VIII est adressée à Mlle de Sillery, nièce du duc de La Rochefoucauld. C'est une espèce de lettre en vers, intitulée *Tircis et Amarante*.

La fable première du dixième livre, *les Deux Rats, le Renard et l'Œuf*, est dédiée à Mme de la Sablière.

Enfin la quinzième fable du dixième livre, *Les Lapins*, est dédiée au duc de La Rochefoucauld :

Vous......
.... Dont la modestie égale la grandeur,
Qui ne pûtes jamais écouter sans pudeur
La louange la plus permise,
La plus juste et la mieux acquise ;
Vous enfin, dont à peine ai-je encore obtenu
Que votre nom reçût ici quelques hommages,
Du temps et des censeurs défendant mes ouvrages,
Comme un nom qui des ans et des peuples connu,
Fait honneur à la France, en grands noms plus féconde
Qu'aucun climat de l'univers,

Permettez-moi du moins d'apprendre à tout le monde
Que vous m'avez donné le sujet de ces vers.

Dans le court épilogue qui termine ce second recueil de Fables, La Fontaine résume ainsi lui-même son œuvre :

Si mon œuvre n'est pas un assez bon modèle
J'ai du moins ouvert le chemin :
D'autres pourront y mettre une dernière main :
Favoris des neuf sœurs, achevez l'entreprise.

CHAPITRE VI

« Le Quinquina. » — Réception de La Fontaine à l'Académie. — « Ouvrage de prose et de poésie, » de Maucroix et de La Fontaine. — Dernier voyage de La Fontaine à Château-Thierry. — Maladie de La Fontaine. — Mort de Mme de La Sablière. — M. Herwart offre un asile à notre fabuliste. — Réponse touchante de La Fontaine. — Dernier livre de « Fables. » — « Le loup et le renard. » Le juge arbitre, l'hospitalier et le solitaire.

Quelque temps après la publication de son second recueil de *Fables*, La Fontaine composa à la sollicitation de la duchese de Bouillon, le poème du *Quinquina*.

Les discussions des médecins sur cette écorce salutaire qu'on nomme quinquina, et qui avait été apportée d'Amérique par un père jésuite, enflammaient alors les esprits. Les uns préconisaient le remède; d'autres, au contraire, ne croyaient point à son efficacité. Mme de Bouillon, qui avait épousé avec chaleur la cause du quinquina, pensait que ses vertus ne pouvaient mieux être célébrées que par la muse de La Fontaine.

L'écorce de l'arbre du Pérou, qu'on nomme quinquina, était restée pendant un siècle et demi, inconnue aux Espagnols qui avaient découvert l'Amérique. Les Indiens qui en connaissaient les vertus médicales, les avaient soigneusement cachées aux Espagnols à cause de la haine qu'ils leur portaient. Cependant l'un d'eux, en 1638, sensible aux services qu'il avait reçu d'un Espagnol, gouverneur de Soxa, pour en témoigner sa reconnaissance, lui fit présent du quinquina et lui en révéla les propriétés.

Par le moyen de cette écorce, cet Espagnol fut assez heureux pour guérir d'une fièvre opiniâtre la comtesse de Cinchon épouse du vice-roi du Pérou ; de là le nom de « cinchona » que les botanistes ont donné à ce genre de végétal, et de « poudre de la comtesse » par lequel on désigna le quinquina réduit en poudre.

Le procurateur général des jésuites de l'Amérique, s'étant rendu à Rome en 1649, apporta le quinquina qu'on nomma poudre des Pères, et poudre des Jésuites, puis poudre du cardinal de Sugo. Puis les médecins s'élevèrent contre ce remède, il ne réussit pas en Europe.

Ce ne fut qu'en 1679 que le chevalier de Talbot en l'administrant infusé dans du vin, fit des cures si répétées, qu'enfin le quinquina attira l'attention de tous les gens de l'art et fut préconisé comme un remède souverain contre la fièvre.

Lorsque Colbert et plusieurs seigneurs de la cour, eurent été guéris par ce moyen, Louis XIV donna au chevalier Talbot 2,000 louis d'or et une pension annuelle de 2,000 francs, pour obtenir de lui la manière de préparer et de prendre le quinquina. C'est dans ces circonstances que Mme la duchesse de Bouillon, qui avait épousé avec chaleur la cause du quinquina crut qu'un des moyens les plus efficaces d'en propager l'usage était de faire célébrer ses vertus par la muse de La Fontaine.

Cependant La Fontaine pressentait combien était ingrate la tâche qu'on lui imposait.

Je ne voulais chanter que la muse d'Esope,
Pour eux seuls en mes vers j'invoquais Calicope.
Même j'allais cesser et regardais le port,
La raison me disait que mes mains étaient lasses
Mais un ordre est venu plus puissant et plus fort
Que la raison; cet ordre accompagné de grâces,
Ne laissant rien de libre au cœur et dans l'esprit,
M'a fait passer le but que je m'étais prescrit.

Malgré la médiocrité du poème du quinquina et celle de l'éloge de Daphné, le volume qui contenait ces deux ouvrages eut du succès.

Le même volume renferme encore deux actes d'un opéra intitulé *Galatée*. Dans un passage du poème du Quinquina, il est à remarquer que La Fontaine, qui avait montré sa reconnaissance envers son bienfaiteur Fouquet, était cependant juste, même envers ceux dont il n'avait pas à se louer.

Colbert, qui n'avait pu oublier que La Fontaine était l'ami et le panégyriste de Fouquet ne l'avait pas compris au nombre des gens de lettres auxquels il faisait distribuer des gratifications et des pensions. La Fontaine ne fait pas moins son éloge dans les vers suivants :

Et toi que le quinquina guérit si promptement,
    Colbert, je ne dois point le taire...
D'autres que moi diront ton zèle et ta conduite
Monument éternel aux ministres suivants,
Ce sujet est trop vaste, et ma muse est réduite
A dire les faveurs que tu fais aux savants.

La mort de Colbert eut lieu le 6 septembre 1633, elle laissait une place vacante à l'Académie française. La Fontaine avait à ce moment publié presque toutes ses fables et tous ses contes,

Boileau avait fait paraître l'*Art poétique*, le *Lutrin*, neuf de ses satyres et neuf de ses épîtres. Si on peut être surpris que ces deux poètes n'aient été jusqu'à ce moment reçus dans cette compagnie, on doit cependant comprendre que les contes de La Fontaine et les satyres de Boileau. soulevaient des objections très fondées.

La Fontaine, qui désirait être nommé, mit dans cette affaire plus d'activité qu'il n'avait l'habitude d'en apporter à ce qui touchait à ses intérêts; il écrivit aux membres de l'Académie, il témoigna quelques regrets de la licence de quelques-uns de ses écrits, il pria Boileau de se désister en sa faveur.

Sans lui accorder ce qu'il lui demandait, Boileau promit de ne faire aucune démarche, mais les amis de ce dernier cherchèrent, autant qu'il fut en leur pouvoir, à empêcher la nomination de La Fontaine.

Suivant l'usage, l'Académie devait procéder à deux scrutins pour l'élection d'un nouveau membre, le premier scrutin donnant une majorité à l'un des concurrents, on prévenait le roi qui disait si on pouvait procéder au scrutin définitif.

La Fontaine eut 16 voix et Boileau 7, et Louis XIV, mécontent de ce qu'on avait préféré

La Fontaine à Boileau, répondit seulement qu'il ferait savoir ses intentions à l'Académie.

Louis XIV partit pour la campagne de Flandre et la décision fut ajournée.

La Fontaine écrivit à ce sujet une ballade dans le but de faire consentir le roi à sa nomination.

Ce doux penser depuis un mois ou deux
Console un peu mes muses inquiètes,
Quelques esprits ont blâmé certains jeux,
Certains écrits qui ne sont que sornettes,
Si je défère aux leçons qu'ils m'ont faites,
Que veut-on de plus? Soyez moins rigoureux,
Plus indulgent, plus favorable qu'eux,
Prince! en un mot, soyez ce que vous êtes,
L'événement ne peut m'être qu'heureux.

M. Rezons, conseiller d'État, étant mort le 22 mars 1684, Boileau fut élu à sa place.

Lorsque l'Académie envoya un député au roi pour faire part de cette nouvelle élection, il répondit : « Le choix qu'on a fait de Despréaux m'est très agréable, et sera grandement approuvé. Vous pouvez recevoir incessamment La Fontaine ; il a promis d'être sage. » L'Académie reçut avec joie cette approbation, et sans attendre la réception de Boileau, elle se hâta de procéder à celle de La Fontaine, qui se fit dans la séance publique du 2 mai 1684.

Le récipiendaire, selon l'usage, fit l'éloge de son prédécesseur, de la grâce que Louis XIV mettait même dans ses refus. S'il m'est permis dit-il de descendre jusqu'à moi, un simple clin d'œil m'a renvoyé, je ne dirai pas satisfait, mais plus que comblé. Il rend justice à Colbert et loue la piété des membres de l'Académie dont l'exemple, dit-il, ne pouvait que lui être très profitable.

L'abbé de la Chambre répondit comme directeur, au nouvel académicien. Il lui dit : L'Académie reconnaît en vous, monsieur, un génie aisé, facile, plein de délicatesse et de naïveté, quelque chose d'original, et qui dans sa simplicité apparente, et sous un air négligé, renferme de grands trésors et de grandes beautés.

Mais il ajouta : Songez que ces mêmes paroles que vous venez de prononcer, nous les insérons sur nos registres. Plus vous avez pris de peine à les polir et à les choisir, plus elles vous condamneraient un jour, si vos actions se trouvaient contraires, si vous ne preniez à tâche de joindre la pureté des mœurs et de la doctrine, la pureté du cœur et de l'esprit, à la pureté du style et du langage.

La Fontaine, qui avait ouvert la séance, la ferma par un discours en vers, adressé à Mme de la Sablière. Tout en faisant l'éloge de sa bienfaitrice et en acquittant une dette de reconnaissance, il faisait une confession de sa vie.

Des solides plaisirs je n'ai suivi que l'ombre,
J'ai toujours abusé du plus cher de mes biens ;
Les pensers amusants, les vagues entretiens,
Vains enfants du loisir, délices chimériques,
Les romans et le jeu. . . . . . .
Cent autres passions des sages condamnées,
Ont pris comme à l'envi la fleur de mes années,
Que me servent ces vers avec soin composés ?
N'en attends-je autre fruit que de les voir prisés?
C'est peu que leurs conseils, si je ne sais les suivre
Et qu'au moins vers ma fin je commence à vivre.

En 1685, La Fontaine et de Maucroix firent paraître deux volumes intitulés : *Ouvrages de prose et de poésie.*

De Maucroix avait traduit quelques dialogues de Platon et quelques discours de Démosthène et de Cicéron. La Fontaine, pour faciliter le débit de cet ouvrage, avait prêté à son ami d'enfance le secours de son nom et de ses poésies. Ce recueil renfermait le discours prononcé par La Fontaine à l'Académie, quelques fables, des contes, *Philémon et Baucis*, *les Filles de Minée* et une idylle, imitée de Théocrite : *Daphnis et Alcimadure.*

On a comparé La Fontaine et Molière, mais ils diffèrent autant par la nature de leur génie, que par le but qu'ils se sont proposé, et les moyens qu'ils ont employé pour y parvenir. Voici le jugement de Chamfort :

« Sans méconnaître l'intervalle immense qui sépare l'art si simple de l'apologue, et l'art si compliqué de la comédie, j'observerai pour être juste envers La Fontaine, que la gloire d'avoir été avec Molière, le peintre le plus fidèle de la nature et de la société, doit rapprocher ici ces deux grands hommes.

« Molière, dans chacune de ses pièces, ramenant la peinture des mœurs à un objet philosophique, donne à la comédie l'unité, et pour ainsi dire la moralité de l'apologue. La Fontaine, transportant dans ses fables la peinture des mœurs, donne à l'apologue une des grandes beautés de la comédie, les caractères.

« Le poète comique semble s'être plus attaché aux ridicules, et a peint quelquefois les formes passagères de la société. Le fabuliste semble s'adresser davantage aux vices, et a peint une nature encore plus générale.

« Le premier me fait plus rire de mon voisin, le second me ramène plus à moi-même. Celui-ci me venge des sottises d'autrui, celui-là me fait mieux songer aux miennes.

« L'un semble avoir vu les ridicules, comme un défaut de bienséances, choquant pour la société, l'autre avoir vu les vices comme un défaut de raison fâcheuse pour nous-mêmes. Après la lecture du premier, je crains l'opinion publique, après la lecture du second je crains ma conscience. Enfin l'homme corrigé par Molière, cessant de devenir ridicule pourrait devenir vicieux; corrigé par La Fontaine, il ne serait plus vicieux ni ridicule, il serait raisonnable et bon. »

La Fontaine fut toute sa vie distrait, et ce défaut de son esprit s'augmenta avec l'âge. La Fontaine n'ayant jamais su se contraindre, dût, lorsque sa réputation eut préparé tout le monde aux égards et à l'indulgence envers lui, faire moins d'efforts encore pour plaire en société, lorsqu'il ne s'y trouvait pas disposé.

Viquerel de Marville raconte qu'il avait invité à dîner La Fontaine avec quelques-uns de ses amis, afin de jouir à l'aise de la conversation de ce célèbre poète.

La Fontaine, qui n'était connu dans cette société que de celui par qui on l'avait fait inviter, fut exact à l'heure, et arriva à midi. Le dîner fut excellent, il mangea beaucoup et but de même, puis s'endormit. Il se réveilla après trois quarts d'heure de somme, et fit ses excuses, mais resta silencieux le reste de la soirée. Ses convives n'en pouvant rien tirer, le reconduisirent chez lui, étonnés de ne lui avoir rien entendu dire de spirituel, ni qui pût justifier sa grande réputation.

Une anecdote rapportée par Racine le fils, prouve que La Fontaine aimait la lecture des livres saints. Le grand Racine le mena un jour à Ténèbres et, s'apercevant que l'office lui paraissait long, il lui donna pour s'occuper un volume de la Bible, qui contenait les petits prophètes. La Fontaine tomba sur la prière des juifs dans Baruch, et ne pouvant se lasser de l'admirer, il disait à Racine : c'était un beau génie que Baruch, qui était-il? Le lendemain et les jours suivants, lorsqu'il rencontrait dans la rue quelques personnes de sa connaissance, après les compliments ordinaires, il élevait la voix pour dire. Avez-vous lu Baruch? c'était un grand génie.

En 1686, La Fontaine, sur le conseil de Racine qui exhortait sans cesse notre fabuliste à prendre soin de ses affaires, se rendit de nouveau à Château-Thierry. Mais les vers occupaient plus le bonhomme que les questions d'intérêt. Il écrivit à son ami Racine qu'il avait composé une chanson, en réponse à un couplet que lui avait adressé une petite fille de huit ans. — « Ça été là, ajoute-t-il, ma plus forte occupation depuis mon arrivée. »

Il écrivait à Racine : « Poignan, à son retour de Paris, m'a dit que vous preniez mon silence en fort mauvaise part, d'autant plus qu'on vous avait assuré que je travaillais sans cesse depuis que je suis à Château-Thierry, et qu'au lieu de m'appliquer à mes affaires, je n'avais que les vers en tête. Il n'y a dans tout cela que moitié de vrai : mes affaires m'occupent autant qu'elles en sont dignes, c'est-à-dire nullement ; mais le loisir qu'elles me laissent, ce n'est pas la poésie c'est la paresse qui l'emporte. » Il termine en disant : « Je vous envoie quelques pièces de vers, mais ne les montrez à personne car Mme de la Sablière ne les a pas encore vus. » On aime ces touchants égards de La Fontaine pour sa bienfaitrice.

La Fontaine s'était fait tellement aimer de ses confrères académiciens, qu'un jour ils voulurent se départir en sa faveur de la règle habituelle. Il est d'usage dans ce corps littéraire de signer des listes de présence, et lorsqu'on commence la séance, le secrétaire tire une barre pour clore la liste. Ceux qui arrivent après la barre tirée n'ont pas droit aux jetons de présence. La Fontaine entra un jour comme on venait de tirer la barre ;

tous ses confrères qui savaient qu'il n'était pas riche, réclamèrent aussitôt pour que l'on fît exception en sa faveur ; mais il insista pour qu'on n'enfreignît pas la règle et dit : « Non, messieurs, cela ne serait pas juste, je suis arrivé trop tard, c'est ma faute. »

C'est vers cette époque qu'eut lieu la brouille de La Fontaine avec Furetière, qui avait obtenu l'autorisation de publier un dictionnaire de la langue française, qui appartenait à l'Académie ; il y eut un procès où un certain nombre d'académiciens, parmi lesquels La Fontaine, soutinrent les droits de l'Académie française.

Dans ses libelles, Furetière cherche à indisposer l'autorité contre La Fontaine à cause de la publication de ses contes ; il lui attribue le trait singulier de M. le comte de Brancas qui alla pour faire visite à une personne de sa connaissance, à l'enterrement de laquelle il avait assisté quelques jours auparavant. La Fontaine, impatienté de ce reproche, laissa échapper de sa plume une épigramme contre Furetière. On fut révolté des plaidoyers de Furetière et des grossières injures qui s'y trouvaient contre La Fontaine. Bussy Rabutin, ami de Furetière, lui écrivit pour témoigner combien il le désapprouvait. Mme de Sévigné surtout en fut indignée, elle ne pouvait concevoir comment Furetière dans ses vilains factums, dans ses noires satyres comme elle les appelait, pouvait déprécier les écrits de La Fontaine. Ceux qui ne les admirent pas, elle les qualifie d'esprits durs et farouches que nulle puissance humaine ne peut éclairer.

Jusqu'ici nous avons vu La Fontaine recherché pour son génie, ainsi que pour son caractère répandu dans le monde, s'intéressant à tout ce qui s'y passait, toujours occupé de ses plaisirs, et quelquefois de ses ouvrages, ou plutôt ne se livrant à la composition de ses ouvrages que parce que c'était pour lui un plaisir de plus.

Il avait jusqu'alors joui d'une santé robuste, mais vers la fin de l'année 1692 il fut attaqué d'une maladie qui fit craindre pour ses jours, et qui porta une irréparable atteinte à cette constitution vigoureuse dont la nature l'avait doué.

Alors Mme de la Sablière s'approchait de sa fin et allait bientôt terminer une vie, depuis longtemps consacrée à la religion et aux bonnes œuvres.

La Fontaine se rétablit, mais en retrouvant la vie il ne retrouva plus l'amie qui en avait fait le charme et la consolation, Mme de la Sablière était morte aux Incurables le 8 janvier 1693.

Sa maison, que notre poète habitait depuis treize ans, cessa d'être la sienne ; il en sortit pour n'y plus rentrer, lorsqu'il rencontra M. d'Hervart qui lui dit avec empressement : mon cher La Fontaine, je vous cherchais pour vous prier de venir loger chez moi. — J'y allais, répondit La Fontaine. Jamais la confiance de l'amitié ne s'exprime d'une manière si simple et plus touchante.

La Fontaine alla donc demeurer rue Platrière, dans l'hôtel d'Hervart.

M. d'Hervart, conseiller au Parlement de Paris et maître des requêtes, avait hérité de l'immense fortune de Barthélemy d'Hervart son père, il épousa en 1686 une des plus belles personnes, dit Marais, que l'on ait jamais vue ; non seulement elle partagea l'amitié que son mari avait pour notre poète, mais elle eut pour lui des attentions aimables, des soins touchants. Mme d'Hervart devint pour la Fontaine, une seconde Mme de la Sablière.

Pour connaître les touchantes attentions dont il fut l'objet chez son nouvel hôte, il suffit de rapporter un seul fait. Notre poète, sans cesse occupé de vers et affaissé par le poids des ennuis, porta la négligence jusqu'à la malpropreté, et il fut plus que jamais sujet aux distractions.

Un de ses amis le rencontra un jour et lui fit compliment sur son habit neuf. La Fontaine fut fort surpris. En effet il portait depuis plusieurs jours cet habit sans s'en être aperçu, parce que Mme d'Hervart avait soin depuis longtemps, sans qu'il le sût, de substituer des vêtements neufs à ceux qu'il avait usés ou tachés.

Lorsque l'Académie tint une séance publique le 3 juin 1693 pour la réception de La Bruyère, l'éloge suivant que, dans son discours, le nouvel académicien fit de La Fontaine, fut d'autant mieux accueilli, qu'on avait davantage redouté de perdre cet illustre poète.

« Plus égal que Marot, et plus poète que Voltaire, La Fontaine a le jeu, le tour et la naïveté de tous les deux ; il instruit en badinant, persuade aux hommes la vertu, par l'organe des bêtes, élève les petits sujets jusqu'au sublime. Homme unique dans son genre d'écrire, toujours original, soit qu'il invente, soit qu'il traduise, qui a été au delà de ses modèles, modèle lui-même difficile à imiter. »

Telle est l'idée qu'avaient de notre poète les plus grands écrivains de ce siècle, et tous ses contemporains qui, de nos jours, ont été accusés d'avoir méconnu son rare mérite.

La Fontaine, aussitôt qu'il fut rétabli, recueillit ce qu'il avait de forces pour achever un dernier recueil de Fables, qu'il publia en 1694, et qui forma le douzième et dernier livre d'un ouvrage qui vivra autant que la langue française.

Le succès de ce nouveau recueil fut tel, qu'il fut réimprimé deux fois dans la même année; cependant il ne contenait que peu de fables nouvelles, et se composait presque en entier de celles que l'auteur avait publiées précédemment.

La Fontaine a dédié ce dernier livre de ses apologues au duc de Bourgogne, pour l'instruction duquel plusieurs de ses fables avaient été composées. Il le lui adresse dans une épître en prose, ainsi qu'il l'avait fait à l'égard du dauphin pour les six premiers livres.

Ce fut même le prince qui indiqua à La Fontaine le sujet de quelques-unes de ces fables et qui les écrivit d'abord en prose. La Fontaine nous l'apprend dans la fable intitulée *le Loup et le Renard* (liv. XII, fab. 9).

Ce qui m'étonne est qu'à huit ans
Un prince en fable ait mis la chose.

Pendant que sous mes cheveux blancs
Je fabrique à force de temps
Des vers moins sensés que sa prose.

Dans la dédicace en prose de ce dernier recueil, La Fontaine avoue que son talent s'affaiblit. Il dit au jeune prince : l'envie de vous plaire me tiendra lieu d'imagination que les ans ont affaiblie. Quand vous souhaiterez quelque fable, je la trouverai dans ce fonds-là. Je voudrais bien que vous y puissiez trouver des louanges dignes du monarque qui fait maintenant le destin de tant de peuples et de nations, et qui rend tant de parties du monde attentives à ses conquêtes, à ses victoires, et à la paix qui semble se rapprocher, et dont il impose les conditions avec toute la modération que peuvent souhaiter nos ennemis.

Dans la première fable de ce dernier recueil, intitulée les *Compagnons d'Ulysse*, La Fontaine répète en vers ce qu'il a dit dans sa dédicace en prose.

Je vous offre un peu tard ces présents de ma muse,
Les ans et les travaux me serviront d'excuse,
Mon esprit diminue...

On ne s'en aperçoit pas dans les fables nouvelles de ce recueil, qui ont dû être au nombre des dernières que l'auteur ait composées.

La fable qui termine le volume, intitulée : *Le Juge arbitre, l'Hospitalier et le Solitaire* (liv. XII, fab. 27), est une des meilleures de notre fabuliste, au double point de vue du talent du poète et de la morale qui s'en dégage :

Apprendre à se connaître est le premier des soins
Qu'impose à tout mortel la majesté suprême.

. . . .

Magistrats, princes et ministres
Vous que doivent troubler mille accidents sinistres,
Que le malheur abat, que le bonheur corrompt,
Vous ne vous voyez point, vous ne voyez personne.
Si quelque bon moment à ces pensers vous donne,
Quelque flatteur vous interrompt.
Cette leçon sera la fin de ces ouvrages :
Puisse-t-elle être utile aux siècles à venir!
Je la présente aux rois, je la propose aux sages;
Par où saurais-je mieux finir?

Dans ce volume comme dans les quatre autres qui l'avaient précédé, on retrouve toujours cette morale indulgente qui pénètre le cœur sans le blesser, amuse l'enfant pour en faire un homme, et l'homme pour en faire un sage.

C'est toujours ce poète que nul n'a égalé dans l'art de donner des grâces à la raison, et de la gaieté au bon sens, sublime dans sa naïveté, et charmant dans sa négligence.

Depuis sa maladie, La Fontaine était revenu aux idées religieuses, et il ne songeait plus qu'au projet qu'il avait conçu de mettre en vers les hymnes de l'Église. On voit par un fragment d'une lettre à son ami Maucroix, en date du 26 octobre 1694, que ce projet l'occupait fortement, et qu'il ne pouvait se passer du commerce des muses, dont il s'était fait une longue habitude.

« J'espère, dit-il, que nous attraperons tous deux les quatre-vingts ans, et que j'aurai le temps d'achever mes hymnes.

« Je mourrais d'ennui si je ne composais plus. Donne-moi des avis sur le *Dies iræ dies illa*, que je t'ai envoyé. J'ai encore un grand dessein où tu pourras m'aider, je te dirai ce que c'est lorsque je l'aurai avancé davantage. »

Les souhaits formés dans la lettre que nous venons de citer, se réalisèrent pour de Maucroix qui vécut jusqu'à quatre-vingt-dix ans, mais non pas pour La Fontaine dont les forces diminuaient de jour en jour.

Il paraît qu'on lui croyait l'esprit frappé et qu'on cherchait à dissiper ses craintes, qu'on regardait comme chimériques.

La Fontaine écrivait à de Maucroix, le 10 février 1695, le billet suivant :

« Tu te trompes assurément, mon cher ami, s'il est bien vrai, comme monsieur de Soissons me l'a dit, que tu me croies plus malade d'esprit que de corps.

« Il me l'a dit pour tâcher de m'inspirer du courage, mais ce n'est pas de quoi je manque. Je t'assure que le meilleur de tes amis n'a plus à compter sur quinze jours de vie. Voilà deux mois que je ne sors point, si ce n'est pour aller un peu à l'Académie, afin que cela m'amuse. Hier j'en revenais, il me prit au milieu de la rue du Chantre, une si grande faiblesse que je crus véritablement mourir. O mon cher! mourir n'est rien; mais songes-tu que je vais paraître devant Dieu? Tu sais comme j'ai vécu! Avant que tu reçoives ce billet, les portes de l'éternité seront peut-être ouvertes pour moi. »

De Maucroix, dans la réponse qu'il fit aussitôt (elle est datée du 14 février,) après quelques touchantes exhortations dit à son ami :

« Si Dieu te fait la grâce de te renvoyer à la santé, j'espère que tu viendras passer avec moi les restes de ta vie, et que souvent nous parlerons ensemble des miséricordes de Dieu; cependant, si tu n'as pas la force de m'écrire, prie Racine de me rendre cet office de charité, le plus grand qu'il puisse jamais rendre. »

Ainsi Racine qui, dans sa jeunesse, fut si souvent, dans de joyeux banquets, le compagnon de La Fontaine, se trouvait encore près de lui à l'approche de ses derniers moments.

La Fontaine n'avait pas en vain pressenti sa fin prochaine, ses forces diminuèrent rapidement et il mourut dans l'hôtel de son ami monsieur d'Hervart, le 13 avril 1695, âgé de soixante et treize ans neuf mois et cinq jours.

Il fut inhumé dans le cimetière des Saints-Innocents et non dans celui de Saint-Joseph, comme l'ont dit à tort tous ses biographes depuis d'Olivet.

Extrait du premier registre des sépultures de la paroisse de Saint-Eustache.

14 avril 1695.

Le jeudi 14, défunt Jean de La Fontaine, l'un des quarante de l'Académie Française, âgé de 76 ans, demeurant rue Platrière, à l'hôtel d'Hervart, décédé du 13 du présent mois, a été inhumé au cimetière des Saints-Innocents.

Signé : CANDELET.

64 liv. 10 s.

Il est à remarquer qui si on excepte ceux qui se faisaient enterrer dans l'église, les 64 livres 10 sous qui sont portées ici forment le prix le plus élevé des enterrements de ce temps. En 1792, la section dénommée d'abord Fontaine Montmorency, ensuite Fontaine Montmartre, ayant voulu changer une troisième fois de nom et se nommer section armée de Molière et de La Fontaine, entreprit d'exhumer le corps de ces deux grands hommes.

On commença par aller à la recherche de Molière, le 6 juillet 1792; mais il n'existait aucune inscription ni rien qui indiquât où était ce corps. On fait figurer dans le procès-verbal *les historiens contemporains et la tradition non suspects*, pour nous apprendre que le corps était près des murs d'une petite maison, située à l'extrémité du cimetière.

On trouve là un corps, qui paraît aux témoins avoir été enterré dans un cercueil, lequel corps leur paraît être le corps de Molière et voilà l'exhumation faite.

Quant à La Fontaine, l'extrait mortuaire que l'on avait sous les yeux rendait la chose peu embarrassante; cependant on déclare, dans ce procès-verbal, que ces mots Saints-Innocents qui se trouvent dans l'acte de décès sont une erreur, et dans un écrit dressé et intitulé « Exposé des faits relatifs à l'exhumation des corps de Molière et de La Fontaine », on certifie que ce sont bien les ossements de ces deux hommes célèbres.

Quand Fénelon, qui, depuis deux ans, était le collègue de La Fontaine à l'Académie Française, eut appris qu'il avait cessé d'exister, il traça de ce poète un éloge en langue latine, et le donna à traduire au duc de Bourgogne pour faire comprendre à cet enfant toute l'étendue de la perte que la France et les lettres venaient de faire dans la personne de ce bon vieillard, que ce prince affectionnait, auquel il donnait tout ce qu'il pouvait donner, et qui amusait son jeune âge par des récits en apparence si simples et si faciles.

« La Fontaine n'est plus (dit Fénélon dans cet écrit,) il n'est plus ! et avec lui ont disparu les jeux badins, les ris folâtres, les grâces naïves et les doctes Muses.

« Pleurez vous tous qui avez reçu du ciel un cœur et un esprit capables de sentir tous les charmes d'une poésie élégante, naturelle et sans apprêts ; il n'est plus cet homme, à qui il a été donné de rendre la négligence même de l'art préférable à son poli le plus brillant.

« Pleurez donc, nourrissons des Muses ! Ou

plutôt nourrissons des Muses, consolez-vous. La Fontaine vit tout entier et vivra éternellement dans ses immortels écrits. Par l'ordre du temps il appartient aux siècles modernes, mais par son génie, il appartient à l'antiquité, qu'il vous retrace dans tout ce qu'elle a d'excellent. Lisez-le et dites si Anacréon a su badiner avec plus de grâce, si Horace a paré la philosophie et la morale d'ornements poétiques plus variés et plus attrayants ; si Térence a peint les mœurs des hommes avec plus de naturel et de vérité ; si Virgile enfin a été plus touchant et plus harmonieux.

Ducis a célébré d'une manière vive et touchante les obligations qu'il a eues à La Fontaine.

En revue avec lui j'ai passé l'univers,
Oui ; c'est lui le premier qui m'inspira des vers ;
De ma rêveuse enfance il a fait les délices.
O poète enchanteur ! en diffamant les vices,
Aux champs, à la candeur que tu prêtes d'attraits !
Tes animaux parlants ne me quittaient jamais :
Tu couvais ma raison qui croissait sous tes ailes.
Combien tes deux pigeons, si tendres et si fidèles,
M'ont fait de l'amitié savourer la douceur !
Je ne t'apprenais pas, je te savais par cœur.
. . . . . Quel immense assemblage
De leçons, et de grâce, et d'âme et de courage.
. . . .
O mon bon La Fontaine ! auteur partout béni,

Où tout ce qui peut plaire à l'utile est uni;
Mon maître, mon mentor! je t'aimai dès l'enfance,
Je t'aime en cheveux blancs : la mort vers moi s'avance,
C'est par toi que j'aurai fini.

CHAPITRE VII

Jugement de La Harpe sur La Fontaine. — Éloge de Chamfort. — Injustes critiques des Allemands. — Puériles chicanes de Voltaire.

Un des plus célèbres critiques français — La Harpe — parlant de La Fontaine, s'exprime ainsi :

« On a dit qu'il n'avait rien inventé. Il a inventé sa manière d'écrire, et cette invention n'est pas devenue commune : elle lui est demeurée tout entière : il en a trouvé le secret et l'a gardé. Il n'a été dans son style ni imitateur ni imité. Nul ne lui a ressemblé dans sa manière de raconter, de donner de l'attrait à la morale et de faire aimer le bon sens. Sublime dans sa naïveté et charmant dans sa négligence, homme modeste qui a vécu sans éclat, en produisant des chefs-d'œuvre, qui sans doute ne pouvait pas ignorer son talent, mais ne l'appréciait pas, qui n'a jamais rien prétendu, rien envié, rien affecté, qui devait être plus relu que célébré, et obtint plus de renommée que de récompenses, il serait peut être étonné de sa gloire et aurait besoin qu'on lui révélât le secret de son mérite, s'il pouvait être témoin des honneurs qu'on lui rend tous les jours...

« Patru[1] — ajoute La Harpe — voulait détourner La Fontaine de faire des fables : il ne croyait pas qu'on pût égaler en français la brièveté de Phèdre. Il faut convenir que notre langue est plus lente dans sa marche que celle des latins ; aussi La Fontaine ne s'est-il pas proposé d'être aussi court dans ses récits que le fabuliste de Rome ; il eût couru le risque de tomber dans la sécheresse. Mais avec bien plus de grâces que lui, il n'a pas moins de précision, si l'on entend par un style précis celui dont on ne peut rien retrancher d'inutile, celui dont on ne peut rien ôter sans que l'ouvrage perde une beauté, et que le lecteur regrette un plaisir. Tel est le style de La Fontaine dans l'apologue : on n'y sent jamais de longueur ; on n'y trouve jamais rien de vide. Ce qu'il dit ne peut pas être dit en moins de mots, ou vous ne le diriez pas si bien... »

« Aucun de nos poètes n'a manié plus impé-

1. Avocat de Paris, né en 1604, mort en 1681, avait un certain mérite comme grammairien et comme critique.

rieusement la langue ; aucun surtout n'a plié avec tant de facilité le vers français à toutes les formes imaginaires. Cette monotonie qu'on reproche à notre versification, chez lui disparaît absolument : ce n'est qu'au plaisir de l'oreille, au charme d'une harmonie toujours d'accord avec le sentiment et la pensée qu'on s'aperçoit qu'il écrit en vers. Il dispose et entremêle si habilement ses rimes, que le retour des sons paraît une grâce et non pas une nécessité... Faut-il s'étonner qu'un écrivain pour qui la poésie est si docile et si flexible, soit un si grand peintre? C'est de lui surtout que l'on peut dire proprement qu'il peint avec la parole. »

Et La Harpe termine ainsi sa remarquable étude sur La Fontaine :

« Il n'y a point d'écrivain qui ait réuni plus de titres pour plaire et pour intéresser. Quel autre est plus souvent relu, plus souvent cité? Quel autre est mieux gravé dans le souvenir de tous les hommes instruits et même de ceux qui ne le sont pas? Le poète des enfants et du peuple est en même temps le poète des philosophes. Cet avantage qui n'appartient qu'à lui, peut être dû en partie au genre de ses ouvrages ; mais il l'est surtout à son génie. Nul auteur n'a, dans ses écrits, plus de bon sens joint à plus de bonté : nul n'a fait un plus grand nombre de vers devenus proverbes. Dans ces moments qui ne reviennent que trop, où l'on cherche à se distraire de soi-même et à se défaire du temps, quelle lecture choisit-on plus volontiers? Sur quel livre la main se reporte-t-elle plus souvent? Sur La Fontaine. Vous vous sentez attiré vers lui par le besoin de sentiments doux : il vous calme et vous réconcilie avec vous-même. On a beau le savoir par cœur depuis l'enfance, on le relit toujours, comme on est porté à revoir les gens qu'on aime, sans avoir rien à leur dire. »

Chamfort dans son éloge de La Fontaine [1] dit avec juste raison : La Fontaine ne voit point dans la fable un simple récit qui mène à une froide réalité; il fait de son livre

> Une ample comédie à cent actes divers.

C'est en effet comme de vrais personnages dramatiques qu'il faut les considérer; et s'il n'a point la gloire d'avoir eu le premier cette idée si heureuse d'emprunter aux différentes espèces d'animaux l'image des différents vices qui réunit la nôtre, lui seul a peint les défauts que les autres n'ont fait qu'indiquer... Les reproches qu'on a pu

1. Cet éloge remporta le prix de l'Académie de Marseille en 1774.

faire à La Fontaine sur quelques longueurs, sur quelques incorrections, n'ont point affaibli le charme qui ramène sans cesse à lui, qui le rend aimable pour tous les âges, sans en excepter l'enfance. Quel prestige peut fixer ainsi tous les esprits et tous les goûts? Qui peut frapper ainsi les enfants? C'est la simplicité de ces formules où ils retrouvent la langue de la conversation; c'est le jeu presque théâtral de ces scènes si courtes, si animées; c'est l'intérêt qu'il leur fait prendre à ces personnages en les mettant sous leurs yeux : illusion qu'on ne retrouve plus chez ses imitateurs, qui ont beau appeler un singe Bertrand et un chat Raton, ne montrent jamais ni un chat ni un singe. Qui peut frapper tous les peuples? C'est ce fond de raison universelle répandu dans ses leçons convenables à tous les états de la vie; c'est cette intime liaison de petits objets à de grandes vérités. Aussi La Fontaine sera-t-il toujours le plus relu de tous les auteurs. Il conservera, comme écrivain, le surnom d'*Inimitable*, titre qu'il obtint avant même d'être tout à fait apprécié, titre confirmé par l'admiration d'un siècle, et devenu, pour ainsi dire, inséparable de son nom. »

Faut-il parler enfin des injustes critiques que les Allemands ont adressées à La Fontaine? Les

Allemands, les lourds et ennuyeux Allemands, incapables de comprendre notre La Fontaine, se sont plu à lui reprocher de n'avoir rien inventé. Nous répondrons que si le fabuliste français n'a pas inventé ses fables, les Allemands n'ont pas inventé leurs critiques, car, bien avant eux, J.-J. Rousseau, Voltaire et Lamartine avaient critiqué La Fontaine. Il est juste d'ajouter que la gloire du bonhomme n'en a point souffert.

CONCLUSION

Le prince de Ligne [1] raconte dans sa *Correspondance* la plaisante anecdote suivante :

« Je m'étais ennuyé longtemps, et j'en avais ennuyé bien d'autres. Je voulus aller m'ennuyer tout seul. J'ai une fort belle forêt. J'y allai un jour, ou, pour mieux dire, un soir, pour tirer un lapin. C'était à l'heure de l'affût. Quantité de lapereaux paraissaient, disparaissaient, se grattaient le nez, faisaient mille bonds, mille tours, mais toujours si vite que je n'avais pas le temps de lâcher mon coup. Un ancien, d'un poil un peu plus gris, d'une allure plus posée, parut tout d'un coup au bord de son terrier. Après avoir fait sa toilette tout

1. Général au service de l'Autriche, célèbre à la fois par son esprit et par ses talents militaires, naquit à Bruxelles en 1735. On cite de lui une foule de saillies spirituelles. Français de cœur, le prince de Ligne a laissé un grand nombre d'écrits qui brillent par le piquant et l'originalité. Il mourut à Vienne le 13 janvier 1815, âgé de plus de quatre-vingts ans.

à son aise (car c'est de là qu'on dit : propre comme un lapin), voyant que je le tenais au bout de mon fusil : — Tire donc, me dit-il, qu'attends-tu? — Oh! je vous avoue que je fus saisi d'étonnement!... Je n'avais jamais tiré qu'à la guerre, sur des animaux qui parlent. — Je n'en ferai rien, lui dis-je ; tu es sorcier, ou je meure. — Moi, point du tout, me répondit-il, je suis un vieux lapin de La Fontaine. — Oh, pour le coup, je tombai de mon haut. Je me mis à ses petits pieds : je lui demandai mille pardons, et lui fis des reproches de ce qu'il s'était exposé. — Eh, d'où vient cet ennui de vivre? — De tout ce que je vois. — Ah, bon Dieu! n'avez-vous pas le même thym, le même serpolet? — Oui. Mais ce ne sont plus les mêmes gens. Si tu savais avec qui je suis obligé de passer ma vie. Hélas ! ce ne sont plus les bêtes de mon temps ; ce sont de petits lapins musqués, qui cherchent des fleurs. Ils veulent se nourrir de roses, au lieu d'une bonne feuille de chou, qui nous suffisait autrefois. Ce sont des lapins géomètres, politiques, philosophes ; que sais-je? D'autres qui ne parlent qu'allemand ; d'autres qui parlent un français que je n'entends pas davantage? Si je sors de mon trou pour passer chez quelque gent voisine, c'est de même, je ne comprends plus personne. Le bêtes d'aujourd'hui ont tant d'esprit! Enfin, te le dirai-je, à force d'en avoir, elles en ont si peu, que notre vieux âne en avait davantage que les singes de ce temps-ci. — Je priai mon lapin de ne plus avoir d'humeur, et je lui dis que j'aurais soin de lui et de ses camarades, s'il s'en trouvait encore. Il me promit de me dire ce qu'il disait à La Fontaine, et de me mener chez ses vieux amis. Il m'y mena en effet. Sa grenouille, qui n'était pas tout à fait morte, quoiqu'il l'eût dit, était de la plus grande modestie en comparaison des autres animaux que nous voyons tous les jours. Ses crapauds, ses cigales chantaient mieux que nos rossignols. Ses loups valaient mieux que nos moutons. — Adieu, petit lapin, je vais retourner dans mes bois, à mes champs et à mon verger. J'élèverai une statue à La Fontaine, et je passerai ma vie avec les bêtes de ce bonhomme. »

Le mot du prince de Ligne nous servira de mot de la fin. Oui, il faut vivre avec les bêtes de La Fontaine, avec dame Belette et messer Loup, avec Raminagrobis et Martin, avec la gent trotte-menu et les citoyennes des étangs, avec tout ce petit monde qui est l'image du nôtre, qui nous rappelle si souvent nos vices, nos travers et nos ridicules, avec ce petit monde courageux et lâche, débonnaire et pervers, intelligent et borné, reconnaissant et ingrat, avec ce petit monde qui nous apprend à aimer le vrai et le juste, à détester le faux et l'injuste. Que les fables de La Fontaine restent gravées dans notre mémoire ! Que le *bonhomme* vive parmi nous ! Que le *Fablier* soit notre guide dans la vie ! Que l'*Inimitable* soit toujours notre modèle !

FIN

FABLES

Le loup devenu Berger

Un loup qui commençait d'avoir petite part
Aux brebis de son voisinage,
Crut qu'il fallait s'aider de la peau du renard [1]
Et faire un nouveau personnage.
Il s'habille en berger, endosse un hoqueton [2],
Fait sa houlette d'un bâton,
Sans oublier la cornemuse.
Pour pousser jusqu'au bout la ruse
Il aurait volontiers écrit sur son chapeau :
« C'est moi qui suis Guillot, berger de ce troupeau. »
Sa personne étant ainsi faite,
Et ses pieds de devant posés sur sa houlette,
Guillot le sycophante [3] approche doucement.
Guillot, le vrai Guillot, étendu sur l'herbette,

1. C'est-à-dire recourir aux ruses du renard.
2. Espèce de casaque à l'usage des bergers.
3. Le trompeur. (*Note de La Fontaine.*) Ce mot vient de deux mots grecs, dont l'un signifie *figue*, et l'autre *dévoiler*. Il y avait à

Dormait alors profondément;
Son chien dormait aussi, comme aussi sa musette.
La plupart des brebis dormaient pareillement.
L'hypocrite les laissa faire;
Et, pour pouvoir mener vers son fort [1] les brebis,
Il voulut ajouter la parole aux habits,
Chose qu'il croyait nécessaire.
Mais cela gâta son affaire :
Il ne put du pasteur contrefaire la voix.
Le ton dont il parla fit retentir les bois,
Et découvrit tout le mystère.
Chacun se réveille à ce son,
Les brebis, le chien, le garçon.
Le pauvre loup dans cet esclandre,
Empêché par son hoqueton,
Ne put ni fuir ni se défendre.

Toujours par quelque endroit fourbes se laissent prendre [2]
Quiconque est loup agisse en loup;
C'est le plus certain de beaucoup.

Athènes une loi qui défendait d'exporter des figuiers hors de l'Attique. Le dénonciateur (*sycophante*), ayant une part de l'amende que devait payer le coupable, abusait souvent de cette loi pour accuser toute sorte de personnes indistinctement; par suite on donna le nom de *sycophante* à tout homme méchant et calomniateur.

1. Le *fort* du loup, c'est sa tanière.

2. Ce vers exprime la moralité de la fable; les deux suivants raillent le trompeur trompé.

Les grenouilles qui demandent un roi

Les grenouilles se lassant
De l'état démocratique [1],
Par leurs clameurs firent tant,
Que Jupin les soumit au pouvoir monarchique.
Il leur tomba du ciel un roi tout pacifique :
Ce roi fit toutefois un tel bruit en tombant,
Que la gent marécageuse,
Gent fort sotte et fort peureuse,
S'alla cacher sous les eaux,
Dans les joncs, dans les roseaux,
Dans les trous du marécage,
Sans oser de longtemps regarder au visage
Celui qu'elles croyaient être un géant nouveau.
Or c'était un soliveau,
De qui la gravité fit peur à la première
Qui, de le voir s'aventurant,
Osa bien quitter sa tanière.
Elle approcha mais en tremblant.
Une autre la suivit, une autre en fit autant :
Il en vint une fourmilière ;
Et leur troupe à la fin se rendit familière
Jusqu'à sauter sur l'épaule du roi.
Le bon sire le souffre, et se tient toujours coi [2].
Jupin en a bientôt la cervelle rompue :

1. Forme de gouvernement où le peuple est souverain. — *Pouvoir monarchique*, pouvoir d'un seul souverain.

2. *Coi*, tranquille, du mot latin *quietus*.

Donnez-nous, dit ce peuple, un roi qui se remue !
Le monarque des dieux leur envoie une grue,
Qui le croque, qui les tue,
Qui les gobe à son plaisir ;
Et grenouilles de se plaindre,
Et Jupin de leur dire : Eh quoi! votre désir
A ses lois croit-il nous astreindre ?
Vous avez dû premièrement
Garder votre gouvernement ;
Mais, ne l'ayant pas fait, il vous devait suffire
Que votre premier roi fût débonnaire et doux.

De celui-ci contentez-vous,
De peur d'en rencontrer un pire [1].

Le Renard et le Bouc

Capitaine renard allait de compagnie
Avec son ami bouc des plus haut encornés :
Celui-ci ne voyait pas plus loin que son nez [2] ;
L'autre était passé maître en fait de tromperie.
La soif les obligea de descendre en un puits :
Là chacun d'eux se désaltère.

1. « Il faut convenir que la conduite de Jupiter dans cet apologue n'est point du tout raisonnable ; il est très simple de désirer un autre roi qu'un soliveau, et très naturel que les grenouilles ne veuillent pas d'une grue qui les croque. » (Chamfort.)

2. *Ne voyait*, etc. Vers devenu proverbe.

Après qu'abondamment tous deux en eurent pris,
Le renard dit au bouc : Que ferons-nous, compère
Ce n'est pas tout de boire, il faut sortir d'ici.
Leve tes pieds en haut, et tes cornes aussi [1] ;
Mets-les contre le mur : le long de ton échine
Je grimperai premièrement;
Puis, sur tes cornes m'élevant,
A l'aide de cette machine,
De ce lieu-ci je sortirai,
Après quoi je t'en tirerai.
Par ma barbe [2], dit l'autre, il est bon [3]; et je loue
Les gens bien sensés comme toi.
Je n'aurais jamais, quant à moi,
Trouvé ce secret, je l'avoue.
Le renard sort du puits, laisse son compagnon,
Et vous lui fait un beau sermon
Pour l'exhorter à patience.
Si le ciel t'eût, dit-il, donné par excellence
Autant de jugement que de barbe au menton,
Tu n'aurais pas à la légère
Descendu dans ce puits. Or, adieu, j'en suis hors [4]
Tâche de t'en tirer, et fais tous tes efforts ;
Car pour moi j'ai certaine affaire
Qui ne me permet pas d'arrêter en chemin.

En toute chose il faut considérer la fin [5]

1. *Lève tes pieds*, etc. La Fontaine fait voir ce qu'il raconte.
2. Serment plaisant, quand on songe à celui qui le fait.
3. *Il est bon*, c'est-à-dire l'avis que tu ouvres.
4. *Hors*. Il faudrait *dehors;* hors est une préposition, et veut un complément.
5. La Fontaine, dans sa préface, applique cette fable à Crassus, marchant contre les Parthes.

Les animaux malades de la peste

Un mal qui répand la terreur,
Mal que le Ciel en sa fureur
Inventa pour punir les crimes de la terre [1],
La peste (puisqu'il faut l'appeler par son nom),
Capable d'enrichir en un jour l'Achéron [2],
Faisait aux animaux la guerre.
Ils ne mourraient pas tous, mais tous étaient frappés :
On n'en voyait point d'occupés
A chercher le soutien d'une mourante vie ;
Nul mets n'excitait leur envie [3] :
Ni loups ni renards n'épiaient
La douce et l'innocente proie ;
Les tourterelles se fuyaient :
Plus d'amour, partant [4] plus de joie.
Le lion tint conseil et dit : Mes chers amis,
Je crois que le Ciel a permis
Pour nos péchés cette infortune.
Que le plus coupable de nous
Se sacrifie aux traits du céleste courroux ;
Peut-être il obtiendra la guérison commune.

1. Début pompeux et bien gradué, où la peste nous effraye avant d'être nommée.

2. Belle image empruntée au commencement de l'*Œdipe-Roi* de Sophocle : « Le noir Pluton s'enrichit de nos pleurs et de nos gémissements. »

3. Détails d'une touchante mélancolie; Virgile en a fourni l'idée, mais La Fontaine a peut-être surpassé son modèle.

4. Par conséquent. Mais *partant* ne peut se remplacer.

L'histoire nous apprend qu'en de tels accidents
On fait de pareils dévouements.
Ne nous flattons donc point; voyons sans indulgence
L'état de notre conscience.
Pour moi, satisfaisant mes appétits gloutons,
J'ai dévoré force moutons.
Que m'avaient-ils fait? Nulle offense ;
Même il m'est arrivé quelquefois de manger
Le berger [1].
Je me dévouerai donc, s'il le faut; mais je pense
Qu'il est bon que chacun s'accuse ainsi que moi :
Car on doit souhaiter, selon toute justice,
Que le plus coupable périsse. —
Sire, dit le renard, vous êtes trop bon roi,
Vos scrupules font voir trop de délicatesse.
Eh bien! manger moutons, canaille, sotte espèce,
Est-ce un péché? Non, non. Vous leur fîtes, seigneur,
En les croquant beaucoup d'honneur ;
Et quant au berger, l'on peut dire
Qu'il était digne de tous maux,
Étant de ces gens-là qui sur les animaux
Se font un chimérique empire.
Ainsi dit le renard; et flatteurs d'applaudir.
On n'osa trop approfondir
Du tigre, ni de l'ours, ni des autres puissances,
Les moins pardonnables offenses.
Tous les gens querelleurs, jusqu'aux simples mâtins,
Au dire de chacun, étaient de petits saints.

1. « Il semblerait par ce petit vers que le lion voudrait escamoter son péché. » (Chamfort.) Au reste, toute sa confession est empreinte de la plus habile hypocrisie. « C'est un piège qu'il tend aux consciences pures mais timides, et dans lequel l'âne tombera. »
(Ch. Nodier.)

L'âne vint à son tour, et dit : J'ai souvenance
Qu'en un pré de moine passant,
La faim, l'occasion, l'herbe tendre, et, je pense,
Quelque diable aussi me poussant,
Je tondis de ce pré la largeur de ma langue [1].
Je n'en avais nul droit, puisqu'il faut parler net.
A ces mots on cria haro [2] sur le baudet.
Un loup quelque peu clerc [3] prouva par sa harangue
Qu'il fallait dévouer ce maudit animal,
Ce pelé, ce galeux, d'où venait tout le mal.
Sa peccadille fut jugée un cas pendable.
Manger l'herbe d'autrui! quel crime abominable!
Rien que la mort n'était capable
D'expier son forfait. On le lui fit bien voir.

Selon que vous serez puissant ou misérable,
Les jugements de cour [4] vous rendront blanc ou noir [5].

1. Toutes les circonstances de la confession de l'âne seraient propres à atténuer ses torts devant un juge impartial et désintéressé ; mais sa perte est résolue d'avance.

2. Cri qu'on poussait en Normandie en poursuivant les malfaiteurs.

3. Savant.

4. Cour de justice.

5. On peut dire avec Chamfort que c'est ici « le plus beau des apologues de La Fontaine et de tous les apologues. »

Les deux Amis.

Deux vrais amis vivaient au Monomotapa[1] ;
L'un ne possédait rien qui n'appartînt à l'autre.
Les amis de ce pays-là
Valent bien, dit-on, ceux du nôtre.
Une nuit que chacun s'occupait au sommeil[2],
Et mettait à profit l'absence du soleil,
Un de nos deux amis sort du lit en alarme ;
Il court chez son intime, éveille les valets :
Morphée[3] avait touché le seuil de ce palais.
L'ami couché s'étonne ; il prend sa bourse, il s'arme,
Vient trouver l'autre et dit : Il vous arrive peu
De courir quand on dort ; vous me paraissez homme
A mieux user du temps destiné pour le somme :
N'auriez-vous point perdu tout votre argent au jeu ?
En voici. S'il vous est venu quelque querelle,
J'ai mon épée ; allons. Vous ennuyez-vous point ?
Non, dit l'ami, ce n'est ni l'un ni l'autre point ;
Je vous rends grâces de ce zèle.
Vous m'êtes, en dormant, un peu triste apparu ;
J'ai craint qu'il ne fût vrai[4] : je suis vite accouru.

1. Contrée située dans la partie orientale de l'Afrique. Le poète choisit à dessein un lieu éloigné et peu connu, pour montrer que les vrais amis sont rares.

2. Mot heureux. Le sommeil, pour La Fontaine, était, on le sait par son épitaphe, composée par lui-même, une sérieuse occupation. — Cela rappelle le mot de Quinte-Curce traduit par Bossuet : « Quand les rois... ne *travaillent qu'à la chasse*.

3. Dieu du sommeil.

4. Que vous étiez triste.

Ce maudit songe en est la cause.
Qui d'eux aimait le mieux? que t'en semble, lecteur?
Cette difficulté vaut bien qu'on la propose.

Qu'un ami véritable est une douce chose!
Il cherche vos besoins au fond de votre cœur,
Il vous épargne la pudeur
De les lui découvrir vous-même;
Un songe, un rien, tout lui fait peur
Quand il s'agit de ce qu'il aime[1].

Le Coche et la Mouche.

Dans un chemin montant, sablonneux, malaisé,
Et de tous les côtés au soleil exposé,
Six forts chevaux tiraient un coche[2].
Femmes, moines, vieillards, tout était descendu :
L'attelage suait, soufflait, était rendu.
Une mouche survient, et des chevaux s'approche,
Prétend les animer par son bourdonnement,
Pique l'un, pique l'autre, et pense à tout moment
Qu'elle fait aller la machine,
S'assied sur le timon, sur le nez du cocher.
Aussitôt que le char chemine,
Et qu'elle voit les gens marcher,

1. Vers charmants, qui respirent la sensibilité la plus vive et la plus vraie.
2. Vers admirables d'harmonie imitative.

Elle s'en attribue uniquement la gloire,
Va, vient, fait l'empressée : il semble que ce soit
Un sergent de bataille allant en chaque endroit
Faire avancer ses gens et hâter la victoire[1].
La mouche, en ce commun besoin,
Se plaint qu'elle agit seule, et qu'elle a tout le soin :
Qu'aucun n'aide aux chevaux à se tirer d'affaire.
Le moine disait son bréviaire ;
Il prenait bien son temps ! une femme chantait :
C'était bien de chansons alors qu'il s'agissait !
Dame mouche s'en va chanter à leurs oreilles,
Et fait cent sottises pareilles.
Après bien du travail, le coche arrive au haut[2].
Respirons maintenant, dit la mouche aussitôt :
J'ai tant fait que nos gens sont enfin dans la plaine.
Ça, messieurs les chevaux, payez-moi de ma peine.

Ainsi certaines gens faisant les empressés,
S'introduisent dans les affaires :
Ils font partout les nécessaires,
Et, partout importuns, devraient être chassés[3].

1. *Va, vient*, etc. « Quel mouvement, quelle vérité dans tout ce tableau ! Il serait difficile de rien trouver de plus parfait, même dans la Fontaine. » (Ch. Nodier.)

2. *Arrive au haut* fait image et peint les efforts.

3. Excellent apologue. La mouche du coche est passée en proverbe.

La Laitière et le Pot au lait.

Perrette, sur sa tête ayant un pot au lait,
Bien posé sur un coussinet,
Prétendait arriver sans encombre[1] à la ville.
Légère et court vêtue, elle allait à grands pas,
Ayant mis ce jour-là, pour être plus agile,
Cotillon simple et souliers plats.
Notre laitière, ainsi troussée,
Comptait déjà dans sa pensée
Tout le prix de son lait; en employait l'argent;
Achetait un cent d'œufs, faisait triple couvée :
La chose allait à bien par son soin diligent.
Il m'est, disait-elle, facile
D'élever des poulets autour de ma maison ;
Le renard sera bien habile
S'il ne m'en laisse assez pour avoir un cochon.
Le porc à s'engraisser coûtera peu de son,
Il était, quand je l'eus, de grosseur raisonnable :
J'aurai le revendant, de l'argent bel et bon.
Et qui m'empêchera de mettre en notre étable,
Vu le prix dont il est, une vache et son veau,
Que je verrai sauter au milieu du troupeau ?
Perrette là-dessus saute aussi, transportée :
Le lait tombe : adieu, veau, vache, cochon, couvée.
La dame de ces biens, quittant d'un œil marri
Sa fortune ainsi répandue,

1. Sans fâcheux accident. Mais le verbe *encombrer* ne s'emploie pas au figuré.

Va s'excuser à son mari,
En grand danger d'être battue.
Le récit en farce en fut fait;
On l'appela le Pot au lait.

Quel esprit ne bat la campagne?
Qui ne fait châteaux en Espagne[1] *?*
Picrochole[2]*, Pyrrhus, la laitière, enfin tous,*
Autant les sages que les fous!
Chacun songe en veillant; il n'est rien de plus doux :
Une flatteuse erreur emporte alors nos âmes;
Tout le bien du monde est à nous,
Tous les honneurs, toutes les femmes.
Quand je suis seul, je fais au plus brave un défi;
Je m'écarte, je vais détrôner le sophi[3] *:*
On m'élit roi, mon peuple m'aime;
Les diadèmes vont sur ma tête pleuvant.
Quelque accident fait-il que je rentre en moi-même
Je suis gros Jean[4] *comme devant.*

Le Lion s'en allant en guerre.

Le lion dans sa tête avait une entreprise :
Il tint conseil de guerre, envoya ses prévôts[5],

1. Qui ne forme des projets chimériques?
2. Nom d'un prince imaginaire dans Rabelais.
3. Le roi de Perse.
4. Un homme de rien.
5. Officiers.

Fit avertir les animaux.
Tous furent du dessein, chacun selon sa guise[1].
L'éléphant devait sur son dos
Porter l'attirail nécessaire,
Et combattre à son ordinaire;
L'ours s'apprêter pour les assauts;
Le renard ménager de secrètes pratiques,
Et le singe amuser l'ennemi par ses tours.
Renvoyez, dit quelqu'un, les ânes, qui sont lourds,
Et les lièvres, sujets à des terreurs paniques.
Point du tout, dit le roi; je les veux employer :
Notre troupe sans eux ne serait pas complète;
L'âne effrayera les gens, nous servant de trompette,
Et le lièvre pourra nous servir de courrier.

Le monarque prudent et sage
De ses moindres sujets sait tirer quelque usage
Et connaît les divers talents.
Il n'est rien d'inutile aux personnes de sens[2].

L'Ours et les deux Compagnons.

Deux compagnons pressés d'argent
A leur voisin fourreur vendirent
La peau d'un ours encor vivant,
Mais qu'ils tueraient bientôt, du moins à ce qu'ils dirent.

1. Son talent naturel, son aptitude.
2. « Excellent apologue, affabulation très bien exprimée.
(Ch. Nodier.)

C'était le roi des ours, au compte de ces gens.
Le marchand à sa peau[1] devait faire fortune ;
Elle garantirait des froids les plus cuisants,
On en pourrait tirer plutôt deux robes qu'une.
Dindenaut[2] prisait moins ses moutons qu'eux leur ours
Leur à leur compte, et non à celui de la bête.
S'offrant de la livrer au plus tard dans deux jours.
Ils conviennent de prix et se mettent en quête,
Trouvent l'ours qui s'avance et vient vers eux au trot.
Voilà mes gens frappés comme d'un coup de foudre.
Le marché ne tint pas, il fallut le résoudre :
D'intérêts[3] contre l'ours on n'en dit pas un mot.
L'un des deux compagnons grimpe au faîte d'un arbre.
 L'autre, plus froid que n'est un marbre,
Se couche sur le nez, fait le mort, tient son vent[4]
  Ayant quelque part ouï dire
  Que l'ours s'acharne peu souvent
Sur un corps qui ne vit, ne meut, ni ne respire.
Seigneur ours, comme un sot, donna dans ce panneau :
Il voit ce corps gisant, le croit privé de vie ;
  Et, de peur de supercherie,
Le tourne, le retourne, approche son museau,
  Flaire au passage de l'haleine.
C'est, dit-il, un cadavre ; ôtons-nous, car il sent.
A ces mots l'ours s'en va dans la forêt prochaine.
L'un de nos deux marchands de son arbre descend,

1. Pour : *avec sa peau.*

2. *Dindenaut*, nom d'un marchand de moutons dans Rabelais. Panurge lui ayant acheté un de ses moutons, qu'il jeta à la mer, les autres suivirent; de là le proverbe : « Comme les moutons de Panurge.

3. C'est-à-dire des dommages et intérêts.

4. Retient son haleine, sa respiration.

Court à son compagnon, lui dit que c'est merveille
Qu'il n'ait seulement eu que la peur pour tout mal.
Eh bien! ajouta-t-il, la peau de l'animal?
Mais que t'a-t-il dit à l'oreille?
Car il t'approchait de bien près,
Te retournant avec sa serre.

— Il m'a dit qu'*il ne faut jamais*
Vendre la peau de l'ours qu'on ne l'ait mis par terre[1].

L'Ane vêtu de la Peau du Lion.

De la peau du lion l'âne s'étant vêtu,
Était craint partout à la ronde ;
Et bien qu'animal sans vertu[2],
Il faisait trembler tout le monde.
Un petit bout d'oreille échappé par malheur
Découvrit la fourbe et l'erreur :
Martin[3] fit alors son office.
Ceux qui ne savaient pas la ruse et la malice
S'étonnaient de voir que Martin
Chassât les lions au moulin.

1. Moralité plaisamment amenée. Le sujet de cette fable est emprunté à Philippe de Commines, liv. IV, ch. II, de ses *Mémoires*.

2. *Sans vertu*, sans courage ; c'est le sens propre de *virtus*.

3. Martin-bâton. C'est le même personnage qu'on a vu dans la fable de *l'Ane et le Petit Chien*.

Force gens font du bruit en France
Par qui cet apologue est rendu familier.
Un équipage cavalier
Fait les trois quarts de leur vaillance.

Le Chêne et le Roseau.

Le chêne un jour dit au roseau[1] :
Vous avez bien sujet d'accuser la nature ;
Un roitelet pour vous est un pesant fardeau :
Le moindre vent qui d'aventure
Fait rider la face de l'eau,
Vous oblige à baisser la tête[2] ;
Cependant que[3] mon front, au Caucase[4] pareil,
Non content d'arrêter les rayons du soleil,
Brave l'effort de la tempête.
Tout vous est aquilon, tout me semble zéphyr.
Encor si vous naissiez à l'abri du feuillage
Dont je couvre le voisinage,
Vous n'auriez pas tant à souffrir ;
Je vous défendrais de l'orage :
Mais vous naissez le plus souvent
Sur les humides bords des royaumes du vent.

1. Exposition nette et vive.
2. Chaque mot du chêne fait sentir au roseau sa faiblesse.
3. *Cependant que* pour *tandis que* est du style de la poésie élevée.
4. Haute montagne d'Asie.

La nature envers vous me semble bien injuste[1].
Votre compassion, lui répondit l'arbuste,
Part d'un bon naturel; mais quittez ce souci :
  Les vents me sont moins qu'à vous redoutables;
Je plie, et ne romps pas. Vous avez jusqu'ici
    Contre leurs coups épouvantables
    Résisté[2] sans courber le dos;
Mais attendons la fin. Comme il disait ces mots,
Du bout de l'horizon accourt avec furie
    Le plus terrible des enfants
Que le Nord eût portés jusque-là dans ses flancs[3].
    L'arbre tient bon, le roseau plie.
    Le vent redouble ses efforts,
    Et fait si bien qu'il déracine
Celui de qui la tête au ciel était voisine[4],
Et dont les pieds touchaient à l'empire des morts[5].

1. Tout ce petit discours est plein d'une pitié insultante pour le fond, et de la plus riche poésie dans la forme.

2. *Résister contre leurs coups* est peut-être peu conforme à la grammaire; mais cela est plus énergique que *résister à...*

3. « La Fontaine décrit l'orage avec la pompe de style que le chêne a employée en parlant de lui-même. » (Chamfort.)

4. *Voisine au ciel*, latinisme pour : voisine du Ciel.

5. Image grandiose imitée de Virgile. (Géorg., II, 292.)

FIN

TABLE DES MATIÈRES

CHAPITRE PREMIER

CHAPITRE II

CHAPITRE III

CHAPITRE IV

CHAPITRE V

CHAPITRE VI

CHAPITRE VII

FABLES

SCEAUX. — IMPRIMERIE CHARAIRE ET FILS.

www.ingramcontent.com/pod-product-compliance
Ingram Content Group UK Ltd.
Pitfield, Milton Keynes, MK11 3LW, UK
UKHW021101200726
13857UKWH00003B/1055